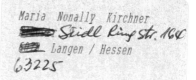

VOCABULARIO
DEL
ESPAÑOL HABLADO

LUIS MARQUEZ VILLEGAS

Catedrático del Instituto "Ortega y Gasset" de Madrid

VOCABULARIO
DEL
ESPAÑOL HABLADO

(NIVELES Y DISTRIBUCION GRAMATICAL)

SOCIEDAD GENERAL ESPAÑOLA DE LIBRERIA, S. A.

Evaristo San Miguel, 9

MADRID-8

© Luis Márquez Villegas
Sociedad General Española
de Librería, S. A.
Madrid, 1975

ISBN 84-7143-048-7

Depósito legal: M. 10312 - 1975

Selecciones Gráficas - Carretera de Irún, km. 11,500 - Madrid (1975)

INTRODUCCION

En 1964 se nos encargó la confección de un método audiovisual para la enseñanza del español como lengua extranjera. El trabajo se terminó año y medio después, pero la lentitud administrativa (el método era de iniciativa oficial) ha hecho que el manuscrito esté aún inédito.

Para preparar la base léxica de las lecciones se hizo una encuesta previa en la que colaboraron doscientos alumnos de los Institutos de Jaén. La encuesta consistió en, dado un diccionario tipo escolar de unas 20.000 palabras, separar y pasar a fichas las voces empleadas en la lengua coloquial por cada uno de los encuestados, todos ellos de edades comprendidas entre los quince y los dieciocho años.

Para no cansar su atención, la encuesta se hizo por pequeñas etapas de treinta vocablos por día como máximo. Las fichas obtenidas—algo más de dos mil por sujeto encuestado (exactamente 403.056)—, fueron ordenadas alfabéticamente y, por último, se hizo un recuento de las frecuencias.

Añadidas algunas palabras (19) de las que se consideraron «disponibles» (según el criterio de los creadores del entonces recién aparecido *Français Fondamental),* y eliminadas otras (56) por algunos motivos (por existir sinónimos más frecuentes; por ser demasiado especializada en tareas del hogar—la mayoría de los sujetos de la encuesta eran chicas—; por tratarse de dialectalismos; por ser vocablos propios de la lengua infantil y escolar, etc.), quedaron 1.647. La lista «oficial» de este resultado de nuestra encuesta quedó depositada en la Dirección General que encargó el trabajo y las 400.000 fichas en el Instituto «Santa Catalina de Alejandría», de Jaén.

Con la experiencia anterior y ante la necesidad, diez años después, de contar con un vocabulario fundamental del español en tres niveles escalonados, hemos repetido la encuesta, esta vez con doscientos alumnos de Madrid, desde 5.º curso de Bachillerato hasta C. O. U. Igualmente, con la guía de un diccionario escolar, incrementado ahora con los resultados globales de unas nueve mil palabras de la encuesta anterior, los encuestados fueron fichando tres tipos de palabras, con la finalidad de llegar a los tres niveles previstos: *a)* palabras usadas muy frecuentemente en la lengua familiar; *b)* palabras usadas *bastante* en las mismas circunstancias, y *c)* palabras conocidas, pero no usadas con mucha frecuencia en la lengua hablada, o pertenecientes a áreas semánticas restringidas. Con los números de frecuencias alcanzados por cada vocablo, se hicieron los tres niveles. Como el número de vocablos de cada nivel es relativo, hubo previamente que fijar unos números de palabras que, por razones de simplificación quedaron establecidos globalmente en 1.000 para el primer nivel, 1.000 para el segundo y 2.000 para el tercero. (Igualmente podían haberse fijado 1.500 para cada uno, pero se pensó en que era más metodológica la distribución acordada por ser casi imposible incluir mil quinientas palabras en un primer curso. La experiencia de muchos años en la enseñanza del francés nos aconsejaba no pasar de mil en un primer estadio.

Después de los últimos retoques (supresiones y añadidos), el número de palabras por cada nivel es el siguiente:

Primer nivel	1.018
Segundo nivel	1.198
Tercer nivel	1.905
TOTAL	4.121

Hasta aquí, el trabajo en equipo de búsqueda y catalogación de palabras. Como segunda parte de esta presentación lexicográfica, y ya como trabajo personal, hemos distribuido cada una de las cuatro mil y pico palabras de los tres niveles (numerados en el índice final con los números 1, 2 y 3), en una clasificación gramatical que abarca desde el número 4 (prefijos), número 5 (nombres de persona con masculino en -o, femenino en -a) hasta los números 125 (interjecciones) y 126 (fórmulas-semantemas complejos).

En esta segunda parte del trabajo la clasificación pretende ser exhaustiva. Sin distinción de niveles, se han incluido todas y cada una de las palabras. En el caso de que algún vocablo presente algún problema gramatical especial, se hace con él un párrafo con número aparte, siempre siguiendo el orden correlativo del 4 al 126.

En cuanto a los verbos, se han clasificado siguiendo estos criterios:

a) Verbos regulares (párrafos 67, 68 y 69).
b) Verbos de la 1.ª conj. con diptongación *e > ie* (párr. 70).

c) Verbos de la 2.ª conj. con diptongación *e > ie* (párr. 71).

d) Verbos de la 1.ª conj. con diptongación *o > ue* (párr. 72).

e) Verbos de la 2.ª conj. con diptongación *o > ue* (párr. 73).

f) Verbos de la 3.ª conj. con debilitación *e > i* (párr. 74).

g) Verbos de la 3.ª conj. con diptongación *o > ue* y debilitación *o > u* (párr. 75).

h) Verbos de la 3.ª conj. con diptongación *e > ie* y debilitación *e > i* (párr. 76).

i) Verbos terminados en *-cer,* con epéntesis de -z- (párr. 77).

j) Verbos terminados en *-ucir,* con epéntesis de -z- (párr. 78).

k) Verbos terminados en *-eír (reír* y derivados) (párr. 79).

l) Verbos terminados en *-eer* (párr. 80).

m) Verbos terminados en *-uir* (párr. 81).

n) Verbos con irregularidades múltiples o específicas que aconsejan clasificarlos aparte (van, por orden alfabético, desde *andar* (párr. 82) hasta *ver,* párr. 103) con las irregularidades especificadas en cada uno de ellos.

ñ) Verbos (regulares e irregulares) que tienen cambios en la grafía para conservar su pronunciación (párr. 104 al 109).

o) Verbos con alteraciones de acento.

p) Participios irregulares, y

q) Perífrasis verbales.

Por último, clasificados en conjunto los vocablos de los tres niveles, se ha confeccionado una lista completa por orden alfabético en la que figura, junto a cada forma léxica, el número de su nivel correspondiente (1-2-3). Si este número falta en algún vocablo, significa que está tratado tangencialmente en el párrafo señalado con el número correspondiente, pero no tiene la suficiente frecuencia en su uso como para figurar en ninguna de las tres listas de niveles. Ejemplo: *sacerdotisa* figura con un número 9 en la lista final. Indica que en el párrafo 9) dedicado a los nombres de persona que hacen el femenino en *-isa* figura *sacerdote,* cuyo femenino es *sacerdotisa,* pero no es de uso frecuente y, por tanto, no figura en ninguno de los números 1, 2 o 3, correspondientes a los tres niveles.

Después del número del nivel en que la palabra ha sido incluida, se indican uno o más números que se relacionan con el párrafo o párrafos donde ese vocablo va clasificado.

Ejemplos:

zorro, 3, 17, 23.

3 = va incluido en el tercer nivel de frecuencias.

17 = nombre de animal: masculino en *-o,* femenino en *-a.*

23 = forma el plural añadiendo *-s.*

estudiante, 2, 11, 13, 23.

2 = pertenece al segundo nivel de frecuencias.

11 = tiene un femenino popular *estudianta.*

13 = el femenino académico es *estudiante.*

23 = forma el plural añadiendo *-s.*

torcer, 1, 73, 104.

1 = primer nivel de frecuencias.

73 = es un verbo irregular de la 2.ª conj. con diptongación $o > ue$.

104 = cambia la *c* en *z* ante *-a, -o.*

PRIMERA PARTE

CLASIFICACION DE LAS PALABRAS DEL ESPAÑOL HABLADO, SEGUN EL RESULTADO DE LAS ENCUESTAS, EN TRES NIVELES, DE MAYOR A MENOR FRECUENCIA

1. PRIMER NIVEL: 1.018 palabras
2. SEGUNDO NIVEL: 1.198 palabras
3. TERCER NIVEL: 1.905 palabras

1 PRIMER NIVEL

a
abajo
abierto
abrazo
abrigo
abril
abrir
abuelo
acá
acabar
acabar de
accidente
aceite
aceituna
acera
acompañar
acostarse
además
adentro
¡adiós!
adonde
a dónde
afeitarse
afuera
agosto
agrio
agua
aguja
agujero
¡ah!
ahí

ahora
ahorrar
aire
ajo
al
ala
alambre
alcanzar
alcohol
alegre
alegría
algo
alguien
algún
alguno
almohada
almorzar
almuerzo
alrededor
alto
altura
alumno
allí
amargo
amarillo
amigo
amo
ancho
¡anda!
andar
animal

anoche
anteayer
antes
antiguo
año
apagar
aparcar
apellido
aprender
aquel
aquél
aquella
aquélla
aquellas
aquéllas
aquello
aquellos
aquéllos
aquí
árbol
arder
armario
arreglar
arriba
arroz
ascensor
así
atar
atrás
aunque

autobús	bocadillo	cambiar
avión	bocado	camino
¡ay!	boli('grafo)	camión
ayer	bolsillo	camisa
ayudar	bolso	camiseta
azúcar	bonito	campo
azul	borrar	cansarse
bailar	botella	cantar
bajar	botón	cara
bajo	brazo	¡caramba!
balcón	broma	cariño
balón	buen(o)	carne
banco	bueno	caro
bandeja	buenas noches	carretera
bañarse	buenas tardes	carta
baño	buenos días	cartero
bar	burlarse	casa
barato	buscar	casarse
barba	butaca	casi
barco	buzón	catorce
barrer	caballo	cena
barrio	cabeza	cenar
bastante	cacerola	céntimo
bastante(s)	cada	centro
basura	cada uno	cerca
beber	caer	cerilla
besar	café	cero
beso	caja	cerrado
bicicleta	cajón	cerrar
bien	calcetín	cerveza
bigote	calentar	cesta
billete	caliente	cielo
bistec	calor	cien
blanco	callar	ciento
blando	calle	cigarrillo
blusa	cama	cigarro
boca	camarero	cinco

12

cincuenta
cine
cinturón
ciudad
claro (adv.)
clase
cobrar
cocer
cocina
coche
coger
colcha
colchón
colegio
colgar
colocar
color
comedor
comer
comestibles
comida
como
cómo
completamente
comprar
con
conducir
conmigo
conocer
contar
contento
contestar
contigo
contra
copa
corazón
corbata

correo
correr
cortar
cosa
coser
costar
costumbre
criada
cristal
cruzar
cuaderno
cuadrado
cuadro
cual
cual (el)
cuales
cualquier
cualquiera
cuando
cuándo
cuánto
cuarenta
cuarto (sust.)
cuarto (ord.)
cuarto (part.)
cuarto de baño
cuatro
cuatrocientos
cubo
cuchara
cuchillo
cuello
cuenta
cuerda
cuerpo
cuñado
cura (m.)

curar
chaqueta
chico
chocar
chocolate
daño
dar
de
debajo
debajo de
deber
deber (m.)
décimo
decir
dedo
dejar
del
delante
delgado
demasiado
dentro
dentro de
de pie
de prisa
derecha
desayunar
desayuno
descansar
desde
desde luego
desnudarse
despacio
despertarse
después
detrás
día
dibujar

diciembre	el	ese, -a
dicho	él	ése, -a
diecinueve	ella	eso
dieciocho	ellas	espalda
dieciséis	ello	español
diecisiete	ellos	espejo
diente	empezar	esperar
diez	empujar	esquina
diferente	en	estación
difícil	encender	estar
dinero	encima	este, -a
Dios	encima de	éste, -a
director	encontrar(se)	esto
disco	enero	estómago
divertirse	enfermo	estrecho (adj.)
doble	en fin	estudiar
doce	enfrente	explicar
docena	enfrente de	extranjero
doler	engañar	fácil
dolor	en medio	falda
domingo	en medio de	falta
don	en seguida	faltar
donde	enseñar	familia
dónde	entender	farmacia
doña	entero	favor
dormir	entonces	favor (por —)
dormitorio	entrar	febrero
dos	entre	fecha
doscientos	enviar	feliz
ducha	envolver	feo
dueño	equivocarse	fin
dulce	escalera	fin (en —)
duro (adj.)	escaleras	flor
duro (sust.)	escoba	foto(grafía)
echar	escribir	fregar
edad	escrito	freír
ejemplo (por —)	escuela	frente

frío (sust.)	hacer falta	jueves
frío (adj.)	hacia	jugar
frito	hambre	juguete
fruta	hasta	julio
fuego	hay	junio
fuera	hecho	kilo
fuera de	helado	kilómetro
fuerte (adj.)	herir	la (pr.)
fuerte (adv.)	hermano	la (art.)
fumar	hielo	labio
gafas	hierro	lado
galleta	hijo	ladrillo
gallina	hilo	lámpara
gana(s)	¡hola!	lana
ganar	hombre	lápiz
garganta	hombro	largo
gasolina	hondo (adj.)	las (pr.)
gastar	hora	las (art.)
gato	hospital	lástima
gente	hotel	lavabo
gordo	hoy	lavar
gracias	hueso	le
gramo	huevo	lección
gran	humo	leche
grande	iglesia	leer
grifo	igual	lejos
gris	importante	lengua
gritar	invierno	les
guapo	ir	letra
guardia	ir a	levantarse
guisar	izquierda	libro
gustar	izquierdo	limón
haber	jabón	limpiar
haber que	jamón	limpio
habitación	jardín	listo
hablar	joven	litro
hacer	juego	lo (art.)

lo (pr.)
los (art.)
los (pr.)
luego (adv.)
luego (conj.)
luna
lunes
luz
llamar
llamarse
llave
llegar
llenar
lleno
llevar
llorar
llover
madera
madre
maestro
mal (adj. y adv.)
maleta
malo
mamá
mandar
manera
manga
mano
mantel
mantequilla
manzana
mañana
máquina
mar
marido
marrón
martes

martillo
marzo
más
matar
mayo
mayor
me
-me
media(s)
medicina
médico
medio
medio (v. en —)
mejor
menor
menos
mentira
mercado
merendar
merienda
mes
mesa
meter
metro
mi (mis)
mí
mía, -s
mientras
miércoles
mil
millón
minuto
mío, -s
mirar
mismo
mitad
modo

momento
montón
moreno
morir
mosca
moto
moverse
muchacho
mucho
mueble
muela
muerto
mujer
mundo
muñeco
muy
nacer
nada
nadie
nariz
naturalmente
navidad
necesario
necesitar
negro
nevera
ni
nieto
ningún(o)
niño
no
noche
nombre
norte
nos
nosotras
nosotros

novecientos	página	periódico
noveno	pájaro	pero
noventa	palabra	perro
noviembre	pan	persona
nube	panadería	pesar
nuestro, -a	panadero	pescado
nueve	pantalón	peseta
nuevo	pañuelo	peso
número	papá	peste
nunca	papel	pie
o	paquete	piedra
obedecer	para	pierna
obra	para que	pimiento
obrero	parar	pintar
octavo	parecer(se)	piso
octubre	pared	piso (planta)
ochenta	parte	planchar
ocho	partir	plata
oficina	pasado mañana	plátano
oficio	pasaporte	plato
¡oh!	pasar	plaza
oído	pastel	pobre
oír	pata	poco (adj.)
ojo	patata	poco (adv.)
oler	patio	poder
olor	pecho	polvo
olvidar	pedazo	pollo
olla	pedir	poner
once	peinarse	ponerse a
oreja	peine	por
oro	película	por ejemplo
os	pelo	por favor
oscuro	pelota	por qué
otoño	pensar	porque
otro	peor	portero
padre	pequeño	posible
pagar	perder	postre

precio

preguntar

primavera

primer(o), -a

primero (adv.)

primo

prisa

probar

profesor

prohibido

pronto

pueblo

puerta

pulmón

puntilla

punto

puño

que

qué

que (el, ...)

quedar(se)

qué lástima

quemar

querer

queso

quien

quién

quieto

quince

quinientos

quinto

quitar

quizá(s)

radio

rato

recibir

recordar

redondo

reír

reloj

repetir

resfriado

respirar

responder

rico

rincón

río

risa

rojo

romper

ropa

roto

rubio

rueda

ruido

sábado

sábana

saber

sacar

sal

salado

salir

sangre

sartén

se

-se

secar

seco

sed

seguir

según

segundo

segundo (sust.)

seguramente

seis

seiscientos

sello

semana

sencillo

sentar(se)

sentir

sentirlo

señor

señora

señorita

se(p)tiembre

séptimo

ser

serio

ser necesario

servilleta

servir

sesenta

setecientos

setenta

sexto

si

sí

siempre

siete

siglo

significar

siguiente

silencio

silla

sillón

sin

sin embargo

sino

sitio

sobre (sust.)

sobrino
sol
solamente
soldado
solo
sólo
soltero
sombra
sombrero
sopa
sordo
sótano
su, sus
subir
sucio
suegro
suelo
sueño
sumar
sur
suyo, -a
tabaco
tamaño
también
tampoco
tan
tanto
tapa
tapadera
tapar
tardar
tarde (adv.)
tarde (sust.)
taxi
taza
te
-te

techo
tejado
tela
teléfono
televisión
temer
temprano
tenedor
tener
tener que
tercer(o)
terminar
ti
tiempo
tienda
tierno
tierra
tijeras
tío
tirar
toalla
tocar
todavía
todo
todo el mundo
tomar
tomate
tonto
toro
tos
toser
trabajar
trabajo
traer
traje
tranquilo

trece
treinta
tren
tres
trescientos
triple
triste
tu, tus
tú
tubo
tuyo, -a
último
un
una, -s
único
unir
unos, -as
uña
usar
usted, -es
útil
vaca
vacío
valer
varios
vaso
vd.
vds.
vecino
veinte
veinticinco
venticuatro
veintidós
veintinueve
veintiocho
veintiséis

veintisiete	vez	volar
veintitrés	viajar	volver
veintiuno	vida	vosotras
vena	viejo	vosotros
vender	viento	voz
venir	vientre	vuelta
ventana	viernes	vuelto
ver	vino	vuestro, -a...
verano	visitar	water
verdad	vista	y
verde	visto	ya
vestido	vivir	yo
vestirse	vivo	zapato

2 SEGUNDO NIVEL _1198 (1203)_

abanico
abeja
abogado
abrazar
abrigar
abrochar
absolutamente
abundante
aburrido
aburrirse
academia
acariciar
acaso
acercar
acertar
ácido
acompañar
acordarse
acostumbrar
adelantar
¡adelante!
adelgazar
adornar
adorno
aduana
aeropuerto
aficionado
agacharse
agarrarse
agradable
agradar

agricultor
aguantar
ahogar
albañil
albaricoque
álbum
alcalde
alegrarse
alfiler
alfombra
algodón
alguna vez
alimento
alma
almacén
almanaque
almeja
almendra
al menos
alquilar
alquiler
al revés
amable
amar
a menudo
americano
amor
amplio
anciano
ángel
anginas

anillo
animarse
anotar
anteanoche
antiguamente
antipático
anunciar
anuncio
añadir
aparcamiento
aparecer
apartamento
aparte
apenas
a pesar de
apetito
a pie
aplastar
aplicado
aprendiz
apretar
a prisa
aprobado
aprobar
a propósito
arena
arrancar
arreglar(se)
arrugar
arte
artesanía

21

artista
asa
asado
asar
asistenta
asistir
asomarse
aspiradora
aspirina
atención
a través de
atropellar
atún
aumentar
aún
autocar
a veces
avenida
ayuntamiento
azucarero
azul marino
bacalao
bachiller
bachillerato
badil
¡bah!
baile
bajada
bajo (prep.)
baldosa
banco ($)
bandera
bañera
barbería
barbero
barbilla
barca

barro
¡basta!
bata
baúl
bautizar
bautizo
bebida
bicho
blanquear
bobina
boda
bollo
bombilla
bombón
boquerón
bordar
borracho
bota
botijo
botones (de hotel)
bragas
brasero
brillante
brillar
brillo
brocha
bruto
bufanda
buhardilla
bulto
buque
burla
cabra
cacharro
cafetera
cafetería
calamar

caldo
calefacción
calvo
calzado
calzoncillos
camioneta
camisón
campana
canario
canción
canela
cansado
cántaro
cantidad
canto
capital
caramelo
carbón
cariñoso
carnicería
carnicero
carpintero
carro
cartera
cartón
casado
cáscara
caso
castellano
castigar
catarro
catedral
católico
causa
cazador
cazar
cebolla

ceja
célebre
cenicero
cepillo
cerdo
cerebro
cereza
cerradura
cerrojo
certificado
cesto
ciego
cierto
cigarro (puro)
ciruela
clara
claro
clavel
cliente
cobarde
cobardía
cocido
cocina de gas
codo
col
cola (2 aceps.)
coliflor
colorado
collar
cómodo
compañero
comparar
completo
componer
compra
comprar
comprender

comulgar
conductor
conejo
confesar(se)
confitería
conforme
construir
contado (al —)
contener(se)
conversación
copia
cordero
correos
corriente (adj.)
corto
costura
costurera
crecer
creer
crema
cremallera
cristiano
cuanto
cuarto de aseo
cuenta, darse
cuento
cueros, en
¡cuidado!
cuidar
culpa
cumpleaños
cumplir
cuna
cundir
curioso
curso
curva

cuyo, -a
chaleco
charco
charlar
cheque
chillar
chuleta
chupar
churro
darse cuenta
de acuerdo
deber de
débil
de buena gana
declarar
defecto
defender
demás
dependiente
deporte
de prisa
derecho (adj.)
de repente
derramar
derretir
des-
desabrochar
desatar
descanso
descuidarse
desear
deseo
desgracia
deshacer
desnudo
despacio
despertador

destruir
devolver
devuelto
diario
dibujo
dictado
diferencia
digestión
dirección
disgustar
disgusto
disparar
distancia
distinto
distraerse
divertido
dividir
doblar
doctor
domicilio
droguería
duda
dudar
dulce
durante
durar
¡ea!
echar a
echar a perder
echar de menos
edificio
educado
educar
¡eh!
ejercicio
electricidad
electricista

eléctrico
elegante
elegir
elemental
embajada
embajador
embotellamiento
embudo
embustero
embutido
emisora
emoción
empleado
empleo
en absoluto
enamorado
encantado
encendedor
encerrar
en cueros
endulzar
en efecto
enérgico
enfadado
enfadarse
enfermedad
enfriarse
en general
engordar
enhorabuena
enjuagar
enorme
en realidad
ensalada
ensanchar
enseñanza
ensuciar

enterrar
entierro
entrada
entregar
entremeses
entusiasmo
envidia
equipaje
equipo
equivocación
error
escalón
escaparate
escuchar
es decir
especie
esponja
esposo
espuma
establecimiento
estado
estampa
estanco
estanque
estantería
estar a punto de
estorbar
estornudar
estrella
estropear
estudiante
estufa
estupendo
etcétera
evitar
exactamente
exacto

exagerado
exagerar
examen
examinar
excepto
excursión
exigir
existir
éxito
explicación
expreso
extraño
extraordinario
extremo
fábrica
fabricar
fachada
faja
falso
famoso
farmacéutico
felicidades
felicitar
femenino
feria
ferretería
ficha
fideo(s)
fiebre
fiesta
fijarse
filete
filo
final, al
firma
firmar
flamenco

flan
flojo
fondo
fontanero
forma
formar
forro
fraile
francamente
francés
frase
frecuente
fregadero
frenar
freno
fresco
frigorífico
frontera
fuente
fuerza
funcionar
furioso
fútbol
futuro
gabardina
gallo
gamberro
garaje
garbanzo
gas
gaseosa
gastarse
gasto
general (adj.)
generalmente
giro (postal)
gitano

golpe
goma
gorra
gota
gracia
gracioso
grado
gramática
grano
grasa
gratis
gratuito
grave
gripe
grito
grosero
grueso
grupo
guante
guardar
guardia civil
guerra
guitarra
gusto
habitante
hacer punto
harina
harto
helicóptero
hembra
herida
herido
hermoso
herramienta
hervir
hierba
hígado

higo	injusticia	libertar
hipo	inmediatamente	ligar
hoja	instalar	ligero
¡hombre!	instante	línea
hondo (adv.)	instituto	líquido
honrado	inteligente	lista
horno	intentar	loco
horrible	interés	lotería
hueco	interesante	lujo
huelga	intestino	llama
huerto	inútil	llano
humedad	inventar	lluvia
húmedo	invento	maceta
humor	invitar	macho
¡huy!	inyección	madeja
idea	isla	madrina
idioma	jaleo	madrugar
idiota	jardinero	maduro
igualmente	jarra	mancha
imaginación	jarro	manchar
imaginarse	jefe	manta
imbécil	jersey	manteca
imitar	joya	manzana (de casas)
impermeable	judía(s)	mapa
importancia	juez	marca
importar	juntar	marcharse
imposible	junto(s)	marisco(s)
imprenta	kiosco	mármol
imprimir	ladrar	más bien
imprudente	lata	masticar
incendio	lavadora	materia
incluso	lechero	material
indispensable	lechuga	materiales
industria	lentejas	matrimonio
inferior	lento	mayoría
ingeniero	leña	mayúscula
inglés	libertad	media noche (a —)

mediante
medida
mediodía (al)
medir
melocotón
melón
memoria
mentir
mentiroso
merluza
mermelada
metal
metálico
método
mezclar
micró(fono)
miedo
miel
mientras que
mientras tanto
millar
mineral
mínimo
ministro
mirada
misa
moda
modelo
moderno
modista
molestar
monedero
monja
mono
montaña
morder
mosquito

motivo
motor
movimiento
muchísimo
mudarse
muerte
muñeca
música
muslo
nación
nadar
naranja
nata
natural
necesidad
negar
negocio
nervioso
nevar
niebla
nieve
ni siquiera
nochebuena
normal
nota
notable
notar
novela
novio
nublado
nudo
nuera
numeroso
obispo
obligación
obligatorio
ocasión

ocupado
ocupar
ofender
ola
¡olé!
olfato
oliva
onceavo
operación
operar
oración
orden (m. y f.)
ordenar
ordinario
orgulloso
o sea
oveja
oxidar
oxígeno
paciencia
padrino
paella
paga
país
paja
palo
paloma
pantalla
pantorrilla
papelería
par
parada
parado
paraguas
pararse
parecido
pareja

pariente
párpado
parque
partido
pasajero
pasar a
pasarlo
pasearse
paseo
pasillo
paso
paso de peatones
pasta
pastelería
pastilla
pato
patria
pavo
peatón
pecado
pecar
pechos
pegar
peinado
pelar
pelea
pelear(se)
peligro
peligroso
peluquería
peluquero
pensamiento
pensión
pera
perderse
perdón
perdonar

perezoso
perfectamente
perfecto (adv.)
perfecto (adj.)
permiso
permitir
pertenecer
pesado
pescadería
pescador
pescar
petróleo
pez
piano
picar
piel
pieles (abrigo)
pijama
pimienta
pincel
pino
pintor
pintura
pinza(s)
pipa
pisar
piscina
pistola
pizarra
plancha
planta (vegetal)
plástico
playa
plaza de toros
plomo
pluma
poco a poco

poco más o menos
policía (m. y f.)
poquito
por fin
por lo menos
por lo tanto
postal (tarjeta)
potaje
potable
practicante
práctico
precioso
precisamente
preferible
preferir
pregunta
preocuparse
preparar
presentar
presidente
preso
prestar
princesa
principalmente
príncipe
probable
problema
prohibir
prójimo
prometer
propaganda
propiamente
propiedad
propina
propio
proponer
proporcionar

propósito (a —)
protección
proteger
protesta
protestar
provincia
próximo
proyecto
prueba
público
puente
puerto
pues
pulgar
pulsera
punta
punto (hacer —)
puñado
puro (adj. y sust.)
quejarse
quemadura
querido
rabo
raíz
raja
rama
ramo
rápido
raro
rascar
rata
ratón
raya
rayo
razón
realmente
rebaja

rebanada
recado
receta
recibo
recién
reciente
recoger
recomendación
recomendar
reconocer
recorrer
recortar
recreo
recto
recuerdo
regalar
regalo
regañar
regar
regatear
regla
regular
reina
relámpago
religión
religioso
repasar
representante
república
republicano
resbalar
reservar
respetar
respeto
respetuoso
respiración
responder

respuesta
restaurante
resto
resultado
resumen
retirar
retraso
retrato
retrete
reunión
reunirse
revisor
revista
rey
rezar
ridículo
riqueza
robar
roca
rodar
rodear
rodilla
roncar
rosa (sust. y adj.)
sabio
sabor
saco
sacristán
sala
salchicha
salchichón
salida
saliva
salón
salsa
saltar
salto

salud	¡socorro!	tacón
saludar	sofá	tajada
salvar	soltar	talón (del pie)
sandalia	sonar	taller
sandía	sonido	tapón
sangría	sonoro	taquilla
sano	sonreír	tarea
san(to)	sonrisa	tarjeta
sardina	soñar	tarta
sargento	soplar	taxista
sastre	sorpresa	tazón
satisfecho	sortija	té
secretaría	soso	teatro
secretario	suave	teja
secreto	subida	tejido
seda	subsidio	telefonear
seguro (adj. y adv.)	suceder	telegrama
semáforo	sucesivamente	televisor
sembrar	suciedad	temblar
sentimiento	sudar	temblor
señalar	sudor	temor
señas	suela	temperatura
separar	sueldo	tempestad
sereno	suerte	templado
serie	sufrimiento	templo
ser preciso	sufrir	tender
sexo	sujetar	tendero
sexual	superficie	teniente
siesta	superior	tenis
significado	supermercado	tercio
silencioso	suspender	terminación
simpático	suspenso	termómetro
sin duda	suspirar	ternera
singular	suspiro	terraza
sobre (prep.)	sustancia	terrible
socio	susto	terrón
socorrer	tabla	tesoro

testigo
tienda de campaña
timbre
tímido
tinta
tinto
tipo
tiro
título
tiza
tobillo
tocadiscos
tocador
tonelada
tontería
torcer
torcido
torear
torero
tormenta
tornillo
torpe
torre
tortilla
tostada
tostar
total
trabajador
traducir
tragar
tranquilidad
transformar
transparente
transporte
transportar
tranvía
trapo

trasladar
tratar de
tremendo
triángulo
tribunal
trigo
tristeza
triunfar
tropezar
trozo
trueno
tumbarse
túnel
turismo
turista
turrón
tutear
únicamente
universidad
urgente
usado
uso
utilizar
uva
vaciar
vagón
vajilla
valiente
valor
vapor
variar
¡vaya!
vegetal
velo
velocidad
venda
veneno

¡venga!
venta
ventaja
ventanilla
ventilador
veranear
verbo
verdaderamente
verdadero
verdura
vergüenza
viajante
viaje
viajero
vidrio
viga
vigilar
vinagre
violín
virgen
visita
viudo, -a
volcar
volumen
voluntad
volverse
vomitar
vulgar
ya... ya
yema
yerno
yeso
«yogurt»
zapatería
zapatero
zapatilla
zumo

3 TERCER NIVEL

abandonar
abono
abreviar
absurdo
abundancia
abusar
abuso
acampar
acariciar
acción
acelerar
acento
aceptar
acero
aclarar(se)
acomodador
aconsejar
acortar
actitud
activo
actor
actriz
acudir
acuerdo
acumular
acusar
achaque
adaptar
adelanto
adivinar
administración

administrador
administrar
admirable
admirador
admirar
admitir
adoptar
adoquín
adrede
adulto
adverbio
aéreo
a fin de
afirmar
aflojar
afueras
agencia
ágil
agitar
agotar
agradecer
agradecimiento
agrado
agrandar
agravar
agricultura
agrupar
agudo
águila
aguinaldo
agujerear

ahijado
ahora bien
ahorcar
alabar
alambrada
alameda
alargar
alarma
al bies
alcachofa
alcantarilla
alcohólico
alejar
alemán
alerta
alfabeto
alhaja
aliado
alianza
aliento
alimentación
alimentar
aliñar
aliviar
alivio
alojamiento
alojar
alpinista
alquitrán
al ras (de)
alrededores

altavoz
¡alto!
alumbrado (adj. y
   sust.)
alumbrar
aluminio
allá
amabilidad
amante
amargor
amargura
amarillento
ambición
ambicioso
ambos
ambulancia
a medida que
amenaza
amenazar
amistad
amistoso
amontonar
amor propio
ampolla
amueblar
analfabeto
análisis
ancla
anchura
andaluz
andamio
andén
ángulo
animación
animar
ante
antepasado

anterior
antes de ayer
anti-
antibiótico
anticipo
antigüedad
antigüedades
aparador
aparato
aparentar
apariencia
apartar(se)
a partir de
apearse
a pesar de
aplanar
aplaudir
aplicar(se)
aplomo
apoderarse
apostar
apoyar
apoyo
apreciar
aprovechar(se)
aproximadamente
aproximar(se)
apuntar
apurar
apuro
arado
árbitro
arbusto
arco
arco iris
archivo
arma

armar
armazón
armonía
arquitecto
arquitectura
arrasar
arrastrar
arreglárselas
arrestar
arresto
arrojar
arroyo
arruga
arrugado
arruinar
artículo
artificial
artillería
asco
asearse
asegurar
aseo
asesinar
asesinato
así como
asiento
asociar
asombrar
asombro
aspecto
astucia
astuto
asunto
asustar
atacar
ataque
ataúd

atenciones	bala	bomba
atento	balanza	bombero
aterrizar	banda	borde
atmósfera	banderilla	bosque
atraer	bandido	bostezar
atrapar	banquete	bota (de vino)
atrasado	bañador	bóveda
atravesar	baranda	boxeador
a través de	bárbaro	boxeo
atreverse	barniz	bravo
audacia	barra	¡bravo!
aullar	barrera	breve
aumento	barrote	brillante
aun	base	brincar
auténtico	bastar	bromear
automático	bastón	bronce
automóvil	batalla	brotar
autopista	batir	brújula
autor	beca	bruma
autoridad	becario	brusco
autorizar	bedel	brutal
«auto-stop»	«beige»	brutalidad
auxiliar	belleza	buey
auxilio	bendecir	buque
avanzar	bendito	burro
avaro	beneficio	butano
ave	bestia	caballería
aventura	biblioteca	cabaña
avería	bienes	cabás
aviación	bizcocho	cabina
aviador	blancura	cabo (milit.)
aviso	bloque	cabo (geogr.)
ayuda	bobada	cadena
ayudante	bodega	cadera
azafata	boina	caída
bache	bola	cajero
baja (sust.)	bolsa	calcular

calendario
calma
calmar
calumnia
calva
calzada
callejón
cambio
campamento
campanario
campeón
campesino
canal
canasta
cáncer
cansancio
cante
cantina
caña
cañón
capa
capataz
capaz
capilla
capitán
capítulo
capote
capricho
caqui
carácter
cardenal
carga
cargar
caricatura
caridad
carnero
carnet

carrera
carrete
carretilla
cartel
cartucho
casco
caseta
caso de
caspa
castaña
castaño
castellano
castigo
castillo
casualidad
catalán
catástrofe
catecismo
categoría
caucho
causar
caza
cebada
celebrar
celos
cementerio
cemento
ceniza
censurar
centenar
centímetro
centinela
central
cepillar
cera
cercano
ceremonia

cerrajero
certeza
certificar
cicatriz
ciclista
ciencia
ciertamente
cierto (indef.)
cifra
cinta
cintura
circo
circular (v. y adj.)
círculo
circunferencia
circunstancia
cirugía
cirujano
cita
citar
ciudadano
civil
clandestino
claridad
clavar
clavel
clavo
clima
clínica
cobrador
cobre
cocinero
cofre
cohete
coincidir
cojear
cojín

cojo
colaborar
colada
colarse
colección
colega
cólera
colocación
colonia
columna
coma
comandante
combinación
combinar
comedia
comenzar
comerciante
comercio
cometer
cómico
comisaría
comisario
cómoda
comodidad
compañía
comparación
competencia
competente
completar
complicación
complicado
complicar
cómplice
compositor
comprobar
comprometerse
compromiso

común
comunicación
comunicar
comunión
comunismo
comunista
concebir
conceder
concejal
concentrar
conciencia
concienzudo
concierto
concilio
concreto
concurso
concha
conde
condena
condenar
condensada
condición
conducta
con el fin de
confección
conferencia
confianza
confiar
confirmar
conformarse
confundirse
conjunto
conmover
conocimiento
conquista
conquistar
consecuencia

conseguir
consejo
consentir
conserje
conserva
conservar
considerar
consigna
consistir
consolar
consonante
construcción
cónsul
consulta
consultar
contable
contacto
contagioso
con tal que
contentarse
continuar
continuo
contrabando
contrario
contratar
contrato
convencerse
convenir
coñac
cordillera
cordón
coronel
correcto
corregir
correspondencia
corresponder
corriente (sust.)

corteza
cortijo
cortina
cosecha
costa
costado
costilla
crecimiento
crimen
criminal
cristianismo
criticar
crítico
cruce
crudo
cruel
crujir
cruz
cuadra
cualesquiera
cuartel
cuartilla
cubierto (p.p. y sust.)
cúbico
cubrir
cuerno
cuero
cuesta
cueva
cuidado
culpable
culto
cultura
cura (fem.)
curiosidad
curvo
chabola

chalet
chapa
chimenea
chiquillo
chispa
chiste
chófer
choque
chorro
choza
dar parte
dato
de antemano
deberes
decidirse
defensa
de improviso
delantal
delantera
delegado
deletrear
delicado
delicioso
delito
del mismo modo
de manera que
demostración
demostrar
de ningún modo
denso
dentista
denuncia
denunciar
departamento
depender
depositar
depósito

derecho (sust.)
derribar
derrochar
desagradable
desagradar
desanimar(se)
desaparecer
desarmar
desarrollo
desastre
desastroso
descalzar
descargar
desconfiar
desconocido
descontento
descorchar
describir
descrito
descubrimiento
descubrir
descuidado
descuido
desembarcar
desempeñar
desengañar
desenvolverse
desenvuelto
desesperación
desesperar(se)
desfile
desgana
desgraciado
deshonesto
deshonrar
desierto
desilusión

desinteresado
deslumbrar
desmayarse
desobedecer
desollar
desorden
desordenado
despacho
despedir
despegar
despejado
despejar
desperdiciar
despreciable
despreciar
desprecio
destacar
desterrar
destinar
destino
destrozar
destrozo
desviar
detalle
detener
detenido
deuda
diablo
diamante
diario
diccionario
dictadura
diferenciar(se)
dificultad
diferir
digno
directo

dirigir(se)
disciplina
discurso
discusión
discutir
disfrazar
disimular
disminuir
disolver
disuelto
disponer
dispuesto
distinguir
distracción
distraído
disuelto
diverso(s)
divorciarse
divorcio
domar
dominar
dorado
dudoso
duodécimo
duque, -esa
duradero
duración
dureza
ebanista
eco
económico
edificar
educación
efecto
eficaz
egoísmo
egoísta

eje
ejecutar
ejercer
ejército
elástico
elefante
elegancia
eliminar
embalaje
embarcar
emigrar
emocionarse
empeñar(se)
emperador, -triz
emplear
empotrado (armario)
empresa
empujón
en adelante
enano
en breve
encaje
encantador
encanto
encargar
encargo
en caso de
encerar
encogerse (de
    hombros)
encuadernar
en cuanto a
enchufar
enchufe
enderezar
endurecer
enemigo

energía
enfermero, -ra
enfermizo
enfriamiento
engrasar
enloquecer
en lo sucesivo
en parte
en principio
enredar
enriquecer
ensayar
ensayo
en suma
entendido
entre-
entrenamiento
entrenar
entretener
entrevista
en vano
envejecer
envidioso
envuelto
época
equilibrio
escalofrío
escama
escándalo
escandaloso
escapar(se)
escena
escenario
esclavo
escoger
esconder
escopeta

escritor
escritura
escultor
escultura
escupir
esencial
esfera
esfuerzo
espacio
espada
espantoso
especial
especialidad
espectáculo
esperanza
espeso
espesor
espía
espiar
espiga
espina
espíritu
espléndido
esqueleto
estable
establecer
estadio
estallar
estanco
estaño
estatua
Este
estéril
estilo
estilográfica
estoque
estrangular

estrechar
estrecho (sust.)
estrenar
estreno
estrujar
estuche
estudio
estúpido
eterno
etiqueta
evangelio
evaporar
ex-
exactitud
excelente
excepción
exceptuar
exceso
excitar
exclamación
exclamar
excusa
existente
exiliado
existencia
experiencia
experto
explosión
explotar
exponer
expuesto
exportar
exposición
expresar(se)
expresión
expresivo
expresar

extender
extenso
exterior
externo
extra-
extraer
extremidad
fabricante
facilidad
factura
faena
fallar
fama
familiar
faro
farol
fatal
fatiga
fatigar(se)
fe
fealdad
felicidad
ferrocarril
ferroviario
fiar
fiel
figurar(se)
fijo
fila
filtrar
final
finalmente
fino
firme
flaco
flecha
flexible

florecer
florero
flotar
folio
folleto
fonda
formidable
forrar
fortuna
forografiar
fracasar
fracaso
frágil
franco (adj.)
frasco
frecuentemente
frente a
fresa
friolero
frotar
función
funcionario
fundamental
fundar
fundición
fundir
funeral
fusilar
ganadería
ganado
ganancia
gancho
garantía
garantizar
garrafa
garrote
«gas oil»

gazpacho
gemelo
general (sust.)
género
generoso
genio
gigante
gigantesco
gimnasia
girar
globo
gloria
glotón
gobernador
gobernar
gobierno
golfo
golondrina
golpear
gorro
gozar
granero
granizo
grasiento
gratificación
gravedad
grieta
grosor
grúa
guía
guiar
guisante
gusano
haber de
hábil
hablador
hacienda

hacha
hada
hebra
hecho (sust.)
helada
helar
heredar
heredero
hermosura
héroe
hincar
hinchar
hipócrita
historia
hocico
hogar
honor
hormiga
hornillo
horquilla
horror
hoyo
hucha
huella
huérfano
huerta
huir
hule
hulla
humano
hundir(se)
ideal (adj.)
ignorante
iluminar
ilusión
imagen
impedir

imperdible
importar (exp.)
impresión
impresionar
impreso
impresor
imprevisto
improvisar
imprudencia
impuesto
in-
incapaz
inclinar
inconveniente
increíble
independiente
indicar
indiferente
indignación
indignar(se)
indiscreto
individuo
industrial
infancia
infantería
infantil
infección
infierno
inflamarse
inflar
influencia
información
ingeniero
ingenio
ingenioso
ingenuo
ingratitud

ingrato
ingreso
ingresos
injusto
inmediato
inmenso
inmoral
inocente
inofensivo
inquietarse
inquieto
inquilino
insecticida
insecto
insinuar
insistir
inspector
instinto
instrucción
instruir
instrumento
insultar
inteligencia
intención
intenso
intento
interesar
interior
interno
intérprete
interrumpir
intervenir
íntimo
inundación
inundar
inventor
investigar

invitación	legítimo	luchar
irritarse	legumbre	lugar
jaqueca	lejano	lujoso
jarabe	lejía	luminoso
jarrón	lenguaje	luto
jaula	lente	llaga
jornal	lentes	llamada
joroba	lentitud	llanto
joyería	león	llanura
jubilación	ley	llegada
judío	liar	llegar a
jugador	librar(se)	lluvioso
jugo	libre	macarrones
juicio	librero	macizo
junto a	libreta	machacar
jurar	licenciado	macho cabrío
justamente	licenciar	madurar
justicia	liebre	magistrado
justificar	ligero (adv.)	magnífico
justo	limitar(se)	maíz
juventud	límite	maldad
juzgar	limpieza	maldecir
labrar	lío	malestar
ladrón	liquidar	maltratar
lagartija	liso	malva
lago	lobo	mallorquín
lágrima	local (sust.)	mamar
lamer	locomotora	mandado
lanzar(se)	locura	mandíbula
látigo	lógico	manejable
latir	lograr	manejar
lavadero	lomo	mango
lavandería	loncha	manía
lazo	longitud	manifestación
lector	loseta	maniobra
lectura	loza	maniquí
legal	lucha	mano (a —)

manojo	mejoría	molinillo
mantecado	melancólico	molino
mantener	mellizo	monárquico
manzano	mendigar	moneda
maquillar	mendigo	mono
maravilla	mensual	monótono
maravilloso	mentalidad	montar
marcar	«menú»	monumento
marco	menudo	morado
marcha	mercancía	moral
marea	merecer	moraleja
marina	mérito	mortal
marinero	mezcla	mozo de cuerda
marino	microbio	muchedumbre
mariposa	miedoso	mudo
marqués	miga	muelle
mártir	migaja	muleta
marxista	milagro	multa
más allá	milímetro	multiplicar
masa	militar	mundial
máscara	mimar	municipal
masculino	mina	murmurar
matorral	minero	músculo
matrícula	ministerio	museo
matrona	minoría	mutilado
máximo	miope	nacimiento
mecánico	miserable	nacional
mecanógrafo	miseria	naranjo
mecer	misterio	natillas
mechón	misterioso	naturaleza
medalla	mixto	naufragio
mediano	mobiliario	navaja
medio	modesto	navegación
mediocre	mojar	navegar
meditar	molde	nazi
mejilla	moler	negación
mejorar	molesto	negociar

nene	ópera	panorama
nervio	opinión	pantano
neto	oponer	paño
neumático	oposición	Papa
neutro	oposiciones	papeleta
nicho	opuesto	paracaídas
nido	ordenado	parador
niñez	ordenanza	paraíso
níquel	ordeñar	paralelo
nivel	organizar	paralizar
noble	órgano (mús.)	parásito
nobleza	órgano (fisiol.)	paréntesis
noción	orgullo	paro
nogal	orientar	parrilla
nombrar	oriente	párroco
no obstante	origen	parroquia
notario	original	particular
novedad	orilla	partida
novillo	orquesta	partidario
nuca	ortografía	párvulo(s)
nuez	oscuridad	pasado
nulo	ovillo	pascua(s)
nylón	paciente	paso a nivel
cbediencia	pago	pastas
objeto	paisaje	pastelero
obligar	paisano	pastor (2 aceps.)
obrar	pala	patrón
observar	palacio	pedal
obtener	paladar	peldaño
océano	palanca	pelirrojo
oculista	palangana	pellizcar
ocupación	palco	pena
oficial	palidecer	pendiente
ofrecer	pálido	péndulo
olvido	palmera	penoso
onda	pandilla	peón
opaco	pánico	pepita(s)

pérdida	planta baja	prensa
pereza	plantar	preocupación
perfil	plataforma	preparación
perfume	plazo	preparativos
periodismo	plomada	presencia
periodista	plomo	presentación
período	pobreza	presentador
perito	poder (sust.)	presente
perjudicar	podrido	presidir
perjuicio	poesía	presión
perla	poeta	préstamo
perseguir	política	prestigio
persiana	polo	presumir
personaje	polvos	presupuesto
personal	pólvora	pretender
pesadilla	pomada	pretexto
pesca	popular	prevenir
pescadero	por consiguiente	primeramente
pesimista	porcelana	principal
pésimo	por medio de	principiante
pezón	porquería	prisión
picador	por suerte	prisionero
picadura	portugués	privar(se)
picante	porvenir	privilegio
pico	posición	proceder
piedad	poste	procurar(se)
pila	postigo	prodigioso
pilar	postura	producción
píldora	pozo	producir(se)
piloto	practicar	producto
pi	prado	profesión
pipas (de girasol)	pre-	profeta
pista	precipitar	profundidad
pito	precisar	profundo
placer	precoz	programa
plano	predicar	progreso
planta (de casa)	preferencia	prólogo

prolongar
promesa
pronunciar
prórroga
prospecto
protestante
provecho
provechoso
provincial
provinciano
provisional
provocar
proyectar
prudencia
prudente
publicar
puchero
pudrir(se)
puerto
puesto
puesto que
pulga
puré
pus
queja
querida
químico
quincena
rabia
racimo
ración
radiador
raíl
rallar
rancio
rapidez
raqueta

ras
rasguño
rastro
rayar
raza
razonable
razonar
re-
reacción
reaccionar
real
realidad
reanimar
rebaño
rebelde
rebelión
recaer
recaudar
recepción
recientemente
recitar
reclamar
recolección
reconocimiento
recuperar
rechazar
red
reducir
referir
reflejar
reflejo
reflexión
reflexionar
reforma
reformar
refrán
refrescar(se)

refresco
refuerzo
refugiarse
refugio
régimen
regimiento
región
registrar
reglamento
regresar
regreso
rehacer
reinar
reino
reja
relación
relacionar(se)
rellenar
remangar
remar
remediar
remedio
remo
remolque
remordimiento
remover
rencor
renovar
renta
renunciar
reparar
reparto
repaso
repentino
repetición
repleto
reposo

represalia(s)
representar
reprochar
reproche
reproducir
reputación
resbaladizo
reserva
resfriar(se)
resguardar(se)
residencia
resistencia
resistir
resolver
respecto a
resplandor
responsable
resta
restaurar
restos
resucitar
resuelto
resumir
retal
retardar
retener
retiro
retrasar
retroceder
reunir
reventar
revisar
revolución
revólver
riego
riñón
rizar

rizo
robo
roble
robusto
rodeo
rodillo
roer
rudo
ruidoso
ruina
rutina
sabiduría
sacerdote
sacrificar
sacudida
sacudir
sagrado
salario
saldo
sales
salvación
sangrar
sangriento
santiguarse
satisfación
satisfacer
sección
seducir
segar
seguridad
seguro
sellar
semanario
semejante
semestre
semilla
sendos

sensación
sensible
sentido
seña
señal
separación
sequía
serpiente
serrín
servicio
servicios
sesión
sesos
seta(s)
seto
severo
sí (refl.)
siega
sien
sierra
signo
sílaba
silbar
simpatía
simple
sinceridad
sincero
sindicato
sirena
sirvienta
situación
situar(se)
sobrante
sobresaliente
sobrio
socialista
sociedad

sofocarse
soga
solicitar
sólido
solución
soportar
sorprender
sospecha
sospechar
sospechoso
sostener
suavizar
sublevar(se)
submarino
subnormal
suboficial
subordinado
subrayar
subterráneo
suburbio
suficiente
suicidarse
sujeto
suma
suministrar
superar
superstición
suplemento
suplicar
suponer
suprimir
surco
surgir
sustituir
susurrar
tablón
taburete

tacto
tachar
taladrar
talento
talonario
tallar
tallo
tambor
tan pronto como
tantear
tanto por ciento
tapete
tapia
tapiz
tarifa
tarro
tasa
tejer
telégrafo
tema
temible
templar
temporal (sust.
    y adj.)
tensión
tentar
teñir
terciopelo
terminantemente
término
ternura
terreno
terrestre
territorio
terror
tesorero
testamento

testarudo
texto
tinte
tintorería
típico
tirano
tocino
tolerar
túnel
tono
torpeza
tortuga
tortura
tractor
traducción
tráfico
tragedia
traicionar
traidor
traje de baño
trampa
tranquilizar
transeúnte
transmitir
trasero
trastornar
trastorno
tratar
trato
trayecto
trazar
trazo
trenza
trepar
tributo
trimestre
tripulación

tronar
tronco
tropa
truco
tuberculosis
tuberculoso
tubería
tumba
turno
undécimo
uniforme
unión
universo
urgencia
urna
utensilio
utilidad
vacilar
vacuna
vacunar
vago
válido
valle
vanidad
vara
variable
variación
variedad
varón

vasto
vegetación
vehículo
vela
velar
vello
vencedor
vencer
vendedor
vendimia
venenoso
venganza
vengar
venir a
ventajoso
verdugo
vergonzoso
verso
vertical
vértigo
vía
vicio
víctima
victoria
victorioso
vigilancia
vigilante
vigor
vigoroso

viña
violar
violencia
violento
violeta
virtud
visado
visible
víspera
vistazo
vitamina
¡viva!
vivienda
volcán
voluntario
votar
voto
vuelo
vulgaridad
yegua
zambullirse
zanahoria
zigzag
zinc
zona
zoo(lógico)
zorro
zueco
zumbar

SEGUNDA PARTE

DISTRIBUCION GRAMATICAL

4 PREFIJOS

anti-, entre, ex-, extra-, in-, pre, re-, sub-.

NOMBRE O SUSTANTIVO. FORMACION DEL FEMENINO
(Nombres de personas)

5   *a)* MASCULINO EN -O, FEMENINO EN -A.

Ejemplo: ABUEL-O, ABUEL-A.

Abogado (como femenino se emplea, o bien la forma académica *abogada,* o la forma masculina), abuelo, adulto, ahijado, aliado, alumno, americano, amigo, amo, analfabeto, anciano, antepasado, asesino, bandido, becario, cajero, camarero, campesino, carnicero, casado, ciego, ciudadano, cocinero, cojo, compañero, criado, cristiano, cuñado, chico, chiquillo, dueño, empleado, enano, enemigo, enfermero, esclavo, esposo, exiliado, extranjero, farmacéutico, ferroviario, funcionario, gemelo, gitano, heredero, hermano, hijo, individuo (*individua,* pop., tiene carácter despectivo), inquilino, jardinero, judío, lechero, librero, licenciado, maestro, mecanógrafo, médico, mellizo, mendigo, muchacho, muerto, nieto, niño, novio, obrero, panadero, parado, pasajero, pastelero, pelirrojo, peluquero, pescadero, portero, preso, primo, prisionero, propietario, químico, sabio, secretario, sobrino, socio, soltero, suegro, tendero, tío, tirano, vecino, viajero, viudo, voluntario, zapatero.

6   *b)* MASCULINO EN -CONSONANTE, FEMENINO EN -CONSONANTE+A.

Ejemplo: COBRADO-R, COBRADO-R-A.

Acomodador, administrador, admirador, agricultor, alemán, aprendiz, autor, aviador, bachiller (*bachillera* es forma popular), bedel, campeón, cazador, cobrador, coductor, compositor, director, embajador, escritor, escultor, español, francés, gobernador, impresor, inglés, inspector, inventor, jugador, ladrón, lector, marqués, oficial ('obrero'), pastor (de ganado), patrón, pescador, pintor, portugués, presentador, profesor, sacristán, señor, sucesor, trabajador, vencedor, vendedor.

7   *c)* FEMENINO EN -TRIZ.

Ejemplo: ACTOR, ACTRIZ.

Actor - actriz, emperador - emperatriz.

8   *d)* FEMENINO EN -INA.

Ejemplo: REY, REINA.

Héroe - heroína, rey - reina.

9   *e)* FEMENINO EN -ISA.

Ejemplo: PROFETA, PROFETISA.

Poeta - poetisa (hoy, por moda, se prefiere *poeta*), profeta - profetisa (poco usado; no figura en las listas de frecuencias); sacerdote - sacerdotisa (sólo se usa refiriéndose a cultos paganos).

10   *f)* FEMENINO EN -ESA.

Ejemplo: CONDE, CONDESA.

Alcalde - alcaldesa, conde - condesa, duque - duquesa.

11   *g)* MASCULINO EN -E, FEMENINO EN -A.

Ejemplo: DEPENDIENTE, DEPENDIENTA.

Ayudante (*ayudanta* está admitida, pero es popular); cliente (en el español hablado, *clienta*); comerciante (*comercianta* es vulgarismo); dependiente, estudiante (*estudianta* es popular); jefe (la Administración no reconoce la forma *jefa*, pero sí la Real Acad.); nene, pariente (fem. pop., *parienta*); presidente (*presidenta* es también 'la esposa del presidente'); sastre (fem., *sastra; sastresa* es catalanismo); vigilante (v. 10).

12   *h)* MASCULINO DON, FEMENINO DOÑA.

13   *i)* MASCULINO = FEMENINO.

Ejemplo: ARTISTA, ARTISTA.

Alpinista, amante, artista, ayudante (v. 11), ciclista, colega, comerciante (v. 11), comunista, contable, dentista, egoísta (se incluye, aunque es adj.); especialista, espía, estudiante (v. 11), fabricante, habitante, idiota, intérprete, jefe (v. 11), marxista, modista, oculista, paciente, periodista, policía, protestante, representante, socialista, turista, viajante, víctima, vigilante (en teléfonos se suele usar «la vigilanta»), visitante.

14   *j)* Masculino y femenino, palabras diferentes.

Ejemplo: yerno, nuera.

amante	—	querida
fraile	—	monja
hombre, marido	—	mujer
macho, varón	—	hembra
padre	—	madre
padrino	—	madrina
papá	—	mamá
yerno	—	nuera

15   *k)* No se usa en femenino (por tratarse de profesiones tradicionalmente desempeñadas por hombres).

Ejemplo: albañil.

Albañil, árbitro, arquitecto, bachiller (aunque se emplea pop. *bachillera,* su significado es 'parlanchina'); barbero, bombero, boxeador, cabo, capitán (pop., *capitana,* ya no se emplea sino en alguna canción de nuestro folklore más o menos histórico); cardenal, carpintero, cartero, centinela, cerrajero, cirujano, comandante, comisario, concejal, conserje, cónsul, coronel (*coronela,* pop., 'mujer del coronel'); crítico, cura, chófer, ebanista, electricista, fontanero, general (*generala,* pop., 'mujer del general'); industrial, ingeniero, juez, magistrado, marinero, marino, mecánico, militar, minero, mozo (de cuerda), notario, obispo, oficial (militar), ordenanza, párroco, pastor (sacerdote), peatón, peón, perito, picador, piloto, practicante, revisor, sargento, sereno, soldado, suboficial, taxista, teniente, testigo, torero, verdugo.

16   *l)* No suelen emplearse en masculino (o cambian de sentido).

Ejemplo: matrona.

Asistenta (*asistente,* 'soldado al servicio de un oficial'); azafata (se va oyendo *azafato*); costurera, matrona, señorita (*señorito* no tiene el mismo uso [no puede dirigirse una carta al Srto. Rodríguez], o tiene sentido peyorativo, o ha quedado relegado al tratamiento criado-amo); sirvienta (*sirviente* se usa muy poco).

17 FORMACION DEL FEMENINO
(Nombres de animales)

a) MASCULINO EN -O, FEMENINO EN -A.

Ejemplo: GAT-O, GAT-A.

Burro, cerdo, conejo, gato, lobo, mono, novillo, pato, pavo, perro, zorro.

18 *b)* MASCULINO EN -E, FEMENINO EN -A.

Elefante - elefanta.

19 *c)* MASCULINO EN -N, FEMENINO EN -NA.

León - leona.

20 *d)* MASCULINO EN -O, FEMENINO EN -INA.

Gallo - gallina.

21 *e)* NOMBRAN AL ANIMAL, SIN DISCRIMINAR SEXO.

Cuando hay necesidad de concretar se suele usar el nombre seguido de las palabras *macho* o *hembra*):

Ejemplo: un ratón macho — un ratón hembra.

Abeja, águila, atún, ave, bacalao, calamar, golondrina, gusano, hormiga, insecto, lagartija, liebre, mariposa, merluza, mosca, mosquito, pájaro, paloma (*palomo* no es el masc.; en las zonas donde *paloma* es 'la mariposa', *palomo*='paloma'); pollo (el animal para carne no tiene distinción de sexo); pulga, rata, ratón, sardina, serpiente, tortuga.

22 *f)* PALABRAS DIFERENTES PARA MASCULINO Y FEMENINO.

Ejemplo: toro - vaca.

buey, toro	—	vaca
carnero, cordero	—	oveja
caballo	—	yegua
macho cabrío	—	cabra

FORMACION DEL PLURAL (SUSTANTIVOS Y ADJETIVOS)

Añaden -S:

23 *a)* Los terminados en vocal átona.

Ejemplo: camino - caminos, escuela - escuelas, billete - billetes.

(Como los sustantivos y adjetivos terminados en vocal átona forman la inmensa mayoría de nuestro vocabulario, no las presentamos aquí en lista alfabética. Nos limitamos a señalarlas con el número 23, correspondiente a este apartado, en el índice general.)

24 *b)* Las palabras siguientes, terminadas en -á, -é, -ú:

Café, mamá, «menú», papá, puré, sofá, té.

25 *c)* Los préstamos siguientes:

Bistec (pl., bistecs o bistés); carnet, coñac (pl., coñacs); chalet (o chalé) (pl., chalets o chalés); water (waters), yogurt (yogurts o yogures).

Añaden -ES:

26 *a)* Los terminados en consonante (y en *y).*

Ejemplos: alfiler - alfileres, hospital - hospitales, invitación - invitaciones, verdad - verdades.

(Todas las palabras de nuestro vocabulario, comprendidas en este apartado, figuran en el índice general con el número 26 correspondiente.)

27 *b)* En -í: maniquí - maniquíes.

28 *c)* Los terminados en -z, plural, -ces.

Ejemplo: cruz - cruces.

Actriz, altavoz, andaluz, aprendiz, barniz, capataz, capaz, cruz, eficaz, feliz, incapaz, juez, lápiz, luz, nariz, nuez, paz (el pl. se usa en la expresión «hacer las paces»), pez, precoz, raíz, tapiz, vez, voz, zigzag (zigzagues).

29   *d) Carácter* hace el plural *caracteres* y no *carácteres;* régimen hace el plural *regímenes.*

30   *e)* Las siguientes palabras—salvo en ocasiones muy especiales y observando que cambia, a veces, su significado en plural—no suelen usarse en plural en la lengua hablada:

Agosto, agradecimiento, agrado, agricultura, alquitrán, aluminio, amor propio, apetito, aplomo, arco iris, arquitectura, arroz, artesanía, artillería, auto-stop, aviación, azafrán, azul marino, azúcar, barro, «beige», bicarbonato, blancura, boxeo, butano, caballería (milit.), cáncer, canela, cansancio, caspa, castellano (sust.), caucho, caza, cebada, cemento, cirugía, comunismo, contrabando, crecimiento, cristianismo, diciembre, educación, enero, estaño, este, fama, fe, febrero, fútbol, «gas oil», gasolina, gimnasia, gravedad, gripe, grosor, hacienda, hermosura, hipo, hulla, importancia, infancia, infantería, julio, junio, justicia, leche, leña, limpieza, luna, maíz, manteca, mantequilla, marina, marzo, mayo, naturaleza, niñez, níquel, nobleza, nochebuena, norte, noviembre, nylon, obediencia, oeste, olfato, oliva (aceite), oriente, oxígeno, paciencia, perdón, pereza, periodismo, pesca, piedad, plata, pobreza, pólvora, porvenir, prensa, prestigio, prójimo, provecho, prudencia, pus, rabia, rapidez, sabiduría, salud, salvación, sangre, sed, septiembre, serrín, sinceridad, sol, sur, tacto, té, tenis, ternera (carne), tiza, tráfico, tranquilidad, turismo, zinc (el pl. *zines* no se emplea).

31   *f)* Las siguientes palabras no suelen usarse en singular:

Las afueras, los alrededores, anginas, banderillas, bragas, calzoncillos, comestibles (sust.), gafas, macarrones, natillas, preparativos, tijeras, vacaciones.

32   *g)* Cambian de significado según se usen en singular o en plural (señalada con * la forma más usada):

abril, 'nombre de mes'; *abriles,* 'años jóvenes;
almacén, 'depósito de géneros'; *almacenes,* 'tienda grande';
anís, 'bebida'; *anises,* 'golosina hecha con anís', 'confitura menuda';
antigüedad, 'tiempo antiguo'; *antigüedades,* 'objetos antiguos';
atención, 'cuidado'; *atenciones,* 'gentilezas';
aseo, 'limpieza'; *aseos,* 'retrete';
atmósfera, 'masa de aire'; *atmósferas,* 'unidad de presión';

58

bien (sust.), 'beneficio'; **bienes*, 'hacienda';

celo, 'cuidado'; **celos*, 'sospechas de infidelidad';

*correo, 'correspondencia'; *correos*, 'edificio postal';

*correspondencia, 'conjunto de cartas'; *correspondencias*, 'relaciones entre dos cosas';

cuero, 'piel'; **en cueros*, 'desnudo';

deber, 'obligación'; **deberes*, 'tareas escolares';

*disciplina, 'orden'; *disciplinas*, 'instrumento para azotar';

*dureza, 'calidad de duro'; *durezas*, 'callosidades';

entremés, 'comedia corta'; **entremeses*, 'aperitivo';

existencia, 'acto de existir'; **existencias*, 'géneros por vender';

*gracia, 'chiste'; **gracias*, 'expresión de reconocimiento';

ingreso, 'entrada' (sobre todo en estudios); **ingresos*, 'ganancias';

*lente, 'cristal cóncavo o convexo'; *lentes*, 'anteojos' (se usa más *gafas*);

lenteja, 'peso de la péndola del reloj'; **lentejas*, 'semillas' o 'guiso hecho con esas semillas';

*memoria, 'facultad anímica'; *memorias*, 'autobiografía';

*oro, 'metal'; *oros*, 'en los naipes españoles';

*pasta, 'de dientes'; *pastas*, 'para té o para sopa';

*pecho, 'tórax'; **pechos*, 'senos';

*pipa, 'utensilio para fumar'; **pipas*, 'pepitas';

*plomo, 'metal'; *plomos*, 'fusibles eléctricos';

*polvo, 'tierra o suciedad muy menuda'; *polvos*, 'afeite';

*resto, 'residuo'; *restos*, 'cadáver' (además de 'residuos');

*sal, 'cloruro sódico'; *sales*, 'para el baño';

seña, 'signo'; **señas*, 'dirección';

servicio, 'acción de servicio'; **servicios*, 'lavabo, water';

seso, 'prudencia, madurez'; **sesos*, 'masa encefálica' (sobre todo la comestible de animal);

*suerte, 'fortuna'; *suertes*, 'lances del toreo';

*teléfono, 'aparato'; *teléfonos*, 'edificio';

*vegetación, 'conjunto de plantas'; *vegetaciones*, 'pólipos en la garganta';

*vergüenza, 'pundonor'; *vergüenzas*, 'órganos sexuales';

*vista, 'sentido visual'; *vistas*, 'paisaje desde un punto'.

33   *h)* PALABRAS CON SINGULAR EN -S (GRAVES O ESDRÚJULAS) INVA-
RIABLES EN PLURAL.

Ejemplo: análisis - análisis.

Análisis, botones (de hotel), cumpleaños, hipótesis, jueves, lunes, martes, miércoles, paracaídas, paraguas, paréntesis, tocadiscos, tuberculosis, viernes.

34   *i)* PALABRAS QUE INDISTINTAMENTE SE USAN EN SINGULAR O PLU-
RAL (señaladas con * las que son más usuales):

*boda	—	bodas
*escalera	—	*escaleras
*esperanza	—	esperanzas
*fruta ▪	—	frutas
*funeral	—	*funerales
gana	—	*ganas
*infierno	—	infiernos
intestino	—	intestinos
ley	—	leyes
material	—	materiales
navidad	—	navidades
oposición	—	*oposiciones ('concurso')
pantalón	—	*pantalones
pascua	—	pascuas
*pelo ▪	—	*pelos
*pescado ▪	—	pescados
*reja	—	rejas
represalia	—	represalias
*simpatía	—	simpatías
*sopa	—	sopas
suburbio	—	*suburbios
tropa ▪	—	tropas

▪ Cuando tienen significado plural.

ADJETIVOS

Formación del femenino

35 *a)* MASCULINO EN -O, FEMENINO EN -A.

Ejemplo: *alto - alta.*

(Las palabras de nuestro vocabulario comprendidas en este apartado van señaladas con el número 35 correspondiente.)

NOTA.—*Tinto,* en la lengua hablada, no tiene femenino y sólo se emplea con el sust. *vino.*

36 *b)* MASCULINO EN -E, INVARIABLE EN -E EN FEMENINO.

Ejemplo: *amable - amable.*

Abundante, admirable, agradable, alegre, amable, beige, breve, brillante, caliente, capaz, célebre, cobarde, competente, cómplice, corriente, culpable, desagradable, despreciable, diferente, dulce, elegante, enorme, estable, excelente, exigente, favorable, firme, flexible, formidable, frecuente, fuerte, grande (gran), grave, horrible, ignorante, importante, imposible, imprescindible, imprudente, increíble, independiente, indiferente, indispensable, inocente, inteligente, interesante, invisible, libre, manejable, mediocre, miope, miserable, noble, notable, pendiente, picante, pobre, posible, potable, preferible, presente, principiante, probable, prudente, razonable, rebelde, reciente, responsable, salvaje, semejante, sensible, siguiente, siemple, sobrante, sobresaliente, suave, suficiente, temible, terrible, torpe, transeúnte, transparente, triste, urgente, valiente, variable, verde, visible.

37 *c)* EXCEPCIÓN AL APARTADO ANTERIOR.

Masculino, *gigante* - femenino, *giganta.*

38   *d)* MASCULINO EN -A, FEMENINO INVARIABLE EN -A.

Ejemplo: *violeta - violeta.*

Bestia, hipócrita, idiota, malva, rosa, violeta.

39   *e)* MASCULINO EN -CONSONANTE, FEMENINO INVARIABLE.

Ejemplo: *cruel - cruel, gris - gris, común - común.*

Agil, artificial, auxiliar, azul, brutal, central, circular, civil, común, criminal, cruel, débil, difícil, elemental, esencial, especial, estéril, excepcional, fácil, familiar, fatal, feliz, fiel, frágil, fundamental, general, gris, hábil, ideal, igual, imbécil, incapaz, inmoral, inútil, joven, legal, marrón, mártir, material, mensual, moral, mortal, mundial, municipal, nacional, natural, normal, oficial, original, particular, personal, popular, precoz, principal, profesional, provincial, provisional, real, regional, regular, sexual, singular, subnormal, temporal, útil, vertical, virgen, vulgar.

40   *f)* GENTILICIOS TERMINADOS EN CONSONANTE, FEMENINO EN -A.

Ejemplo: *andaluz - andaluza.*

Alemán, andaluz, catalán, español, francés, inglés, leonés, mallorquín.

41   *g)* DERIVADOS VERBALES EN -DOR, FEMENINO EN -DORA.

Encantador - encantadora, hablador - habladora.

42   *h)* AUMENTATIVOS EN -ÓN, FEMENINO EN -ONA.

Glotón - glotona.

43   *i)* ADJETIVOS EN -IOR Y COMPARATIVOS DE SUPERIORIDAD EN -OR, FEMENINO INVARIABLE.

Ejemplo: *inferior - inferior.*

Anterior, exterior, inferior, interior, mayor, mejor, menor, peor, superior.

44   *j)* ADJETIVOS EN -I, FEMENINO INVARIABLE.

Caqui - caqui, nazi - nazi.

45 ADJETIVOS QUE SE APOCOPAN ANTE SUSTANTIVO.

(*Buen* tiempo, tiempo *bueno*.)

Buen, gran, mal, primer, san, tercer.

46 COMPARATIVOS.

Aparte de su valor etimológico, en la lengua hablada los comparativos de origen latino tienen los valores siguientes:

mayor, 'más alto', 'más viejo'.
menor, 'más bajo', 'más joven'.
superior, 'colocado más arriba', 'mejor', 'muy bueno'.
inferior, 'colocado más abajo', 'peor'.
mejor, 'más bueno'.
peor, 'más malo'.

47 SUPERLATIVOS.

Los únicos superlativos verdaderamente adjetivos (*óptimo, pésimo*) se emplean muy poco en la lengua hablada.

Mínimo y *máximo* se emplean más acompañados de artículo (*el, lo mínimo, el, lo máximo*).

Se usan más como superlativos relativos el conjunto artículo+comparativo: *el, la, lo+mayor, mejor, menor, peor*.

Ejemplos: *la mayor, el mejor, lo peor*.

48 PRONOMBRES PERSONALES

PRIMERA PERSONA

SINGULAR

Yo tengo un libro.
Este libro es para **mí**.
Mi padre **me** $\begin{cases} \text{quiere mucho} \\ \text{ha regalado un libro.} \end{cases}$
Dame ese libro.
Mi padre vive **conmigo.**

PLURAL

Nosotros aprendemos español.
Nuestro padre **nos** $\begin{cases} \text{quiere mucho} \\ \text{ha regalado un libro.} \end{cases}$
Danos esos libros.

SEGUNDA PERSONA

SINGULAR

Tú tienes un libro.

Tu padre **te** { quiere mucho
ha regalado un libro.

Siéntate.

Esto es para **ti**.

Tu padre vive **contigo**.

PLURAL

Vosotros aprendéis español.

Vuestro padre **os** { quiere mucho.
ha regalado un libro.

Senta**os**.

50 SEGUNDA PERSONA DE TRATAMIENTO
(Comportamiento de 3.ª persona)

SINGULAR

Usted tiene un libro.

Su padre **lo** quiere mucho (a usted).

Su padre **le** ha regalado un libro (a usted).

Este libro es para **usted**.

Siéntese (usted).

PLURAL

Ustedes aprenden español.

Sus padres **les** han regalado libros (a ustedes).

Su padre **los** quiere mucho (a ustedes).

Estos libros son para **ustedes**.

Siéntense (ustedes).

51 TERCERA PERSONA

SINGULAR (masc.):

Él tiene un libro.

Mira ese libro; Antonio **lo** ha comprado.

¿Quién **le** ha regalado un libro (a Antonio)?

Se lo ha regalado su padre.

SINGULAR (fem.):

Ella tiene un libro.
Mira esa casa; Antonio **la** ha comprado.
¿Quién **le** ha regalado una casa (a María)?
Se la ha regalado su padre.

PLURAL (masc.):

Ellos tienen libros.
Mira esos libros; Antonio **los** ha comprado.
¿Quién **les** ha regalado una casa (a ellos)?
Antonio **se** la ha regalado.

PLURAL (fem.):

Ellas tienen libros.
Mira esas casas; Antonio **las** ha comprado.
¿Quién **les** ha regalado una casa (a ellas)?
Antonio **se** la ha regalado.

52 FORMAS REFLEXIVAS DE LOS PRONOMBRES PERSONALES
Se, sí, consigo.

(Las formas *sí* y *consigo* son poco usadas en la lengua hablada; suelen reforzarse con el adjetivo *mismo*.)

53 EL ARTICULO

DEFINIDO

el libro
la casa
lo malo
los libros
las casas

53 *b)* CONTRACCIONES

al = a el
del = de el

54

INDEFINIDO

un libro
una casa
unos libros
unas casas

55 POSESIVOS

UN SOLO POSEEDOR

FORMAS ÁTONAS

masc. sing.:

mi libro   **tu** libro   **su** libro

fem. sing.:

mi casa   **tu** casa   **su** casa

masc. plural:

mis libros   **tus** libros   **sus** libros

fem. plural:

mis casas   **tus** casas   **sus** casas

FORMAS TÓNICAS

sing. masc.:

Este   libro es **mío**
Ese   libro es **tuyo**
Aquel libro es **suyo**

plural masc.:

Estos   libros son **míos**
Esos   libros son **tuyos**
Aquellos libros son **suyos**

sing. fem.:

Esta   casa es **mía**
Esa   casa es **tuya**
Aquella casa es **suya**

plural fem.:

Estas   casas son **mías**
Esas   casas son **tuyas**
Aquellas casas son **suyas**

De usted =**suyo**
De ustedes=**suyo**

56 VARIOS POSEEDORES (masc.)

nuestro
T | este libro es nuestro
A | nuestro libro

vuestro
T | ese libro es vuestro
A | vuestro libro

su, suyo
T | aquel libro es suyo (de ellos) (de usted)
A | su libro (de ustedes)

nuestros
T | estos libros son nuestros
A | nuestros libros

vuestros
T | esos libros son vuestros
A | vuestros libros

sus, suyos
T | aquellos libros son suyos
A | sus libros

T.   Forma tónica.
A.   Forma átona.

VARIOS POSEEDORES (fem.)

nuestra
T | esta casa es nuestra
A | nuestra casa

vuestra
T | esa casa es vuestra
A | vuestra casa

su, suya
T | aquella casa es suya (de ellos)
A | su casa

nuestras
T | estas casas son nuestras
A | nuestras casas

vuestras
T | esas casas son vuestras
A | vuestras casas

sus, suyas
T | aquellas casas son suyas
A | sus casas

T.   Forma tónica.
A.   Forma átona.

57 DEMOSTRATIVOS (ADJETIVOS)

Masc. sing.:

este libro es mío
ese libro es tuyo
aquel libro es suyo

Fem. sing.:

esta casa es mía
esa casa es tuya
aquella casa es suya

Masc. plur.:

estos libros son míos
esos libros son tuyos
aquellos libros son suyos

Fem. plur.:

estas casas son mías
esas casas son tuyas
aquellas casas son suyas

58 DEMOSTRATIVOS (PRONOMBRES)

Masc. sing.:

mi libro es **éste**
tu libro es **ése**
su libro es **aquél**

Masc. plur.:

mis libros son **éstos**
tus libros son **ésos**
sus libros son **aquéllos**

Fem. sing.:

mi casa es **ésta**
tu casa es **ésa**
su casa es **aquélla**

Fem. plur.:

mis casas son **éstas**
tus casas son **ésas**
sus casas son **aquéllas**

Neutro: **esto, eso, aquello**

59 RELATIVOS E INTERROGATIVOS

	Masculino (sing.)	Femenino (sing.)	Neutro (sing.)
CON FUNCIÓN SUSTANTIVA	(el) que (el) cual* quien	(la) que (la) cual* quien	(lo) que (lo) cual —
CON FUNCIÓN ADJETIVA	cuyo*	cuya*	—
	Masculino (plur.)	Femenino (plur.)	Neutro (plur.)
CON FUNCIÓN SUSTANTIVA	(los) que (los) cuales* quienes	(las) que (las) cuales* quienes	— — —
CON FUNCIÓN ADJETIVA	cuyos*	cuyas*	—

(Los señalados con * no se emplean en la lengua hablada casi nunca. Es un vulgarismo el empleo de *cuyo* sustituyendo a *el cual*.)

USOS DE «QUE»

EJEMPLO	ANÁLISIS	EXPLICACIÓN
He encontrado un libro QUE estaba arrinconado	PRONOMBRE RELATIVO	Sustituye a *libro*. (He encontrado un *libro*. Un *libro* estaba arrinconado) y une las dos oraciones.
Miguel dijo QUE vendría	CONJUNCIÓN	No sustituye a ningún nombre y une dos oraciones *(Miguel dijo — vendría).*
¡QUÉ calor! ¿QUÉ libro es ése?	ADJETIVO INTERROGATIVO O EXCLAMATIVO	Acompaña al sustantivo *(calor, libro)* y pregunta o exclama.
¿QUÉ traes en el bolso?	PRONOMBRE INTERROGATIVO	Sustituye a un nombre que se desconoce y por el que pregunta.
¡QUÉ hermoso es ese libro!	ADVERBIO	Modifica al adjetivo *hermoso* expresando la admiración ante la cualidad.

60 NUMERALES CARDINALES

0.—cero	24.—veinticuatro	... ...
1.—un, uno, una	25.—veinticinco	96.—noventa y seis
2.—dos	26.—veintiséis	97.—noventa y siete
3.—tres	27.—veintisiete	98.—noventa y ocho
4.—cuatro	28.—veintiocho	99.—noventa y nueve
5.—cinco	29.—veintinueve	100.—cien, ciento
6.—seis	30.—treinta	(cien pesetas;
7.—siete	31.—treinta y uno	ciento ochenta
8.—ocho	32.—treinta y dos	pesetas)
9.—nueve	33.—treinta y tres	101.—ciento uno
10.—diez	... ...	102.—ciento dos
11.—once	40.—cuarenta	200.—doscientos
12.—doce	... ...	300.—trescientos
13.—trece	44.—cuarenta y cuatro	400.—cuatrocientos
14.—catorce	45.—cuarenta y cinco	500.—quinientos
15.—quince	... ...	600.—seiscientos
16.—dieciséis	50.—cincuenta	700.—setecientos
17.—diecisiete	... ...	800.—ochocientos
18.—dieciocho	56.—cincuenta y seis	900.—novecientos
19.—diecinueve	... ...	1.000.—mil
20.—veinte	60.—sesenta	2.000.—dos mil
21.—veintiuno	70.—setenta	3.000.—tres mil
22.—veintidós	80.—ochenta	... ...
23.—veintitrés	90.—noventa	1.000.000.—un millón

61 NUMERALES ORDINALES

primer, primero, primera	séptimo, -a
segundo, segunda	octavo, -a
tercer, tercero, tercera	noveno, -a
cuarto, -a	décimo, -a
quinto, -a	onceavo, -a
sexto, -a	o undécimo
	doceavo, -a
	o duodécimo...

A partir de 11, hay dos soluciones para la formación de ORDINALES: la «latina», con los cultismos correspondientes (vigésimo-segundo, décimo-cuarto) y la «popular», con el sufijo -avo (catorceavo, veinti-dosavo). Sin embargo, *el uso de cardinales es lo más corriente:* (vein-ticinco Congreso Eucarístico; treinta y dos Asamblea Internacional). Se aplica también a la numeración de reyes y papas (cfr. Felipe Ter-cero, pero Luis Catorce o Juan Veintitrés).

62 PARTITIVOS

> la mitad = un medio, medio (adj.).
> el tercio = la tercera parte
> un cuarto = la cuarta parte
> el quinto = la quinta parte
> ... ...
> un onceavo = la onceava parte.

Excepto *mitad* y *tercio*, se emplean las mismas formas de los ordinales.

Décimo se emplea mucho como 'décima parte de un billete de lotería'.

63 MULTIPLICATIVOS

El *doble*, el *triple* (a partir de *triple*, las formas son cultas y se emplean muy escasamente en la lengua hablada).

64 DISTRIBUTIVOS

Cada, cada uno, ambos, sendos.

(*Ambos* y *sendos* son muy poco empleados en la lengua hablada.)

65 COLECTIVOS (SUSTANTIVOS NUMERALES QUE SIGNIFICAN CONJUNTOS)

Un par, una pareja, docena, quincena («quincena de rebajas»), centenar, millar.

algo (pronombre, neutro).
alguien (pronombre, masc. o fem.).
algún, -o, -a, -os, -as (adjetivo, masc. y fem., sing. y pl.).
alguno, -a, -os, -as (pronombre, masc. y fem., sing. y pl.).
bastante, -es (adjetivo, sing. y pl.).
cierto, -a, -os, -as (adjetivo, masc. y fem., sing. y pl.).
cualquier, cualquiera, cualesquiera (pron. y adj., sing. y pl.).
cuanto, -a, -os, -as (adj. y pron., masc. y fem., sing. y pl.).
cuánto, -a, -os, -as (adj. y pron., masc. y fem., sing. y pl.).
demás, los demás (pron., pl., masc.-fem.).
    las demás
    lo demás (pronombre neutro)
    los demás hombres (adj., masc., pl.).
    las demás mujeres (adj., fem., pl.).
demasiado, -a, -os, -as (adj., masc. y fem., sing. y pl.).
diversos, -as (adj., masc. y fem., pl.).
etcétera (equivale a 'y lo demás').
mismo, -a, -os, -as (adj. y pron., masc. y fem., sing. y pl.).
nada (pronombre neutro).
nadie (pronombre invariable).
ningun(o), -a, -os, -as (adj. y pron., masc. y fem., sing. y pl.).
otro, -a, -os, -as (adj. y pron., masc., fem. y neut., sing. y pl.).
poco, -a, -os, -as (adj. y pron., masc. y fem., sing. y pl.).
tal, tales (adj. y pron.). (Invariable en cuanto al género.)
tanto, -a, -os, -as (adj. y pron., masc. y fem., sing. y pl.).
todo, -a, -os, -as (adj. y pron., masc. y fem., sing. y pl.).
todo el mundo (equivale a 'todos').
varios, -as (adj. y pron., masc. y fem., pl.).

MODELO: cantar

FORMAS NO PERSONALES

Simples		Compuestas	
Infinitivo:	cantar	haber	cantado
Gerundio:	cantando	habiendo	cantado
Participio:	cantado		

INDICATIVO

Presente	*Pretérito perfecto compuesto*		*Pretérito imperfecto*	*Pretérito pluscuamperfecto*	
canto	he	cantado	cantaba	había	cantado
cantas	has	cantado	cantabas	habías	cantado
canta	ha	cantado	cantaba	había	cantado
cantamos	hemos	cantado	cantábamos	habíamos	cantado
cantáis	habéis	cantado	cantabais	habíais	cantado
cantan	han	cantado	cantaban	habían	cantado

Pretérito perfecto simple o indefinido	*Pretérito anterior*		*Futuro*	*Futuro perfecto*	
canté	hube	cantado	cantaré	habré	cantado
cantaste	hubiste	cantado	cantarás	habrás	cantado
cantó	hubo	cantado	cantará	habrá	cantado
cantamos	hubimos	cantado	cantaremos	habremos	cantado
cantasteis	hubisteis	cantado	cantaréis	habréis	cantado
cantaron	hubieron	cantado	cantarán	habrán	cantado

Condicional	*Condicional perfecto*		IMPERATIVO
			Presente
cantaría	habría	cantado	
cantarías	habrías	cantado	canta
cantaría	habría	cantado	cante (usted)
cantaríamos	habríamos	cantado	
cantaríais	habríais	cantado	cantad
cantarían	habrían	cantado	canten (Vds.)

SUBJUNTIVO

Presente	*Pretérito perfecto*	
cante	haya	cantado
cantes	hayas	cantado
cante	haya	cantado
cantemos	hayamos	cantado
cantéis	hayáis	cantado
canten	hayan	cantado

Pretérito imperfecto	*Pretérito pluscuamperfecto*	
cantara o cantase	hubiera o hubiese	cantado
cantaras o cantases	hubieras o hubieses	cantado
cantara o cantase	hubiera o hubiese	cantado
cantáramos o cantásemos	hubiéramos o hubiésemos	cantado
cantarais o cantaseis	hubierais o hubieseis	cantado
cantaran o cantasen	hubieran o hubiesen	cantado

MODELO: **beber**

FORMAS NO PERSONALES

Simples	Compuestas
Infinitivo: beber	haber bebido
Gerundio: bebiendo	habiendo bebido
Participio: bebido	

INDICATIVO

Presente	*Pretérito perfecto compuesto*	*Pretérito imperfecto*	*Pretérito pluscuamperfecto*
bebo	he bebido	bebía	había bebido
bebes	has bebido	bebías	habías bebido
bebe	ha bebido	bebía	había bebido
bebemos	hemos bebido	bebíamos	habíamos bebido
bebéis	habéis bebido	bebíais	habíais bebido
beben	han bebido	bebían	habían bebido

Pretérito perfecto simple o indefinido	*Pretérito anterior*	*Futuro*	*Futuro perfecto*
bebí	hube bebido	beberé	habré bebido
bebiste	hubiste bebido	beberás	habrás bebido
bebió	hubo bebido	beberá	habrá bebido
bebimos	hubimos bebido	beberemos	habremos bebido
bebisteis	hubisteis bebido	beberéis	habréis bebido
bebieron	hubieron bebido	beberán	habrán bebido

Condicional	*Condicional perfecto*	IMPERATIVO
bebería	habría bebido	*Presente*
beberías	habrías bebido	bebe
bebería	habría bebido	beba (usted)
beberíamos	habríamos bebido	
beberíais	habríais bebido	bebed
beberían	habrían bebido	beban (Vdes.)

SUBJUNTIVO

Presente	*Pretérito perfecto*
beba	haya bebido
bebas	hayas bebido
beba	haya bebido
bebamos	hayamos bebido
bebáis	hayáis bebido
beban	hayan bebido

Pretérito imperfecto	*Pretérito pluscuamperfecto*
bebiera o bebiese	hubiera o hubiese bebido
bebieras o bebieses	hubieras o hubieses bebido
bebiera o bebiese	hubiera o hubiese bebido
bebiéramos o bebiésemos	hubiéramos o hubiésemos bebido
bebierais o bebieseis	hubierais o hubieseis bebido
bebieran o bebiesen	hubieran o hubiesen bebido

69 VERBOS REGULARES DE LA TERCERA CONJUGACION

MODELO: partir

FORMAS NO PERSONALES

Simples	Compuestas
Infinitivo: partir	haber partido
Gerundio: partiendo	habiendo partido
Participio: partido	

INDICATIVO

Presente	Pretérito perfecto compuesto	Pretérito imperfecto	Pretérito pluscuamperfecto
parto	he partido	partía	había partido
partes	has partido	partías	habías partido
parte	ha partido	partía	había partido
partimos	hemos partido	partíamos	habíamos partido
partís	habéis partido	partíais	habíais partido
parten	han partido	partían	habían partido

Pretérito perfecto simple o indefinido	Pretérito anterior	Futuro	Futuro perfecto
partí	hube partido	partiré	habré partido
partiste	hubiste partido	partirás	habrás partido
partió	hubo partido	partirá	habrá partido
partimos	hubimos partido	partiremos	habremos partido
partisteis	hubisteis partido	partiréis	habréis partido
partieron	hubieron partido	partirán	habrán partido

Condicional	Condicional perfecto	IMPERATIVO
partiría	habría partido	**Presente**
partirías	habrías partido	parte
partiría	habría partido	parta (usted)
partiríamos	habríamos partido	
partiríais	habríais partido	partid
partirían	habrían partido	partan (ustedes)

SUBJUNTIVO

Presente	Pretérito perfecto
parta	haya partido
partas	hayas partido
parta	haya partido
partamos	hayamos partido
partáis	hayáis partido
partan	hayan partido

Pretérito imperfecto	Pretérito pluscuamperfecto
partiera o partiese	hubiera o hubiese partido
partieras o partieses	hubieras o hubieses partido
partiera o partiese	hubiera o hubiese partido
partiéramos o partiésemos	hubiéramos o hubiésemos partido
partierais o partieseis	hubierais o hubieseis partido
partieran o partiesen	hubieran o hubiesen partido

70 VERBOS IRREGULARES DE LA PRIMERA CONJUGACION

TIPO DE IRREGULARIDAD: DIPTONGACIÓN DE LAS SÍLABAS TÓNICAS E > IE.

Ejemplo: *despertar.* *pensar*

Pres. de Indic.: pIEnso, pIEnsas, pIEnsa, pensamos, pensáis, pIEnsan.
Pres. de Subj.: pIEnse, pIEnses, pIEnse, pensemos, penséis, pIEnsen.
Imperat.: pIEnsa, pensad.
Verbos: acertar, apretar, atravesar, calentar, cerrar, comenzar, confesar, confesarse, despertar, desterrar, empezar, encerrar, enterrar, fregar, gobernar, helar, merendar, negar, nevar, pensar, recomendar, regar, reventar, segar, sembrar, sentar(se), temblar, tentar, tropezar.

71 VERBOS IRREGULARES DE LA SEGUNDA CONJUGACION

TIPO DE IRREGULARIDAD: DIPTONGACIÓN DE LAS SÍLABAS TÓNICAS E > IE.

Ejemplo: *perder.*

Pres. Indic.: pIErdo, pIErdes, pIErde, perdemos, perdéis, pIErden.
Pres. Subj.: pIErda, pIErdas, pIErda, perdamos, perdáis, pIErdan.
Imperat.: pIErde, perded.
Verbos: defender, encender, entender, extender, perder, tender.

72 VERBOS IRREGULARES DE LA PRIMERA CONJUGACION

TIPO DE IRREGULARIDAD: DIPTONGACIÓN O > UE EN LAS SÍLABAS TÓNICAS. (JUGAR: DIPT. U > UE.)

Ejemplo: *contar.*

Pres. Indic.: cUEnto, cUEntas, cUEnta, contamos, contáis, cUEntan.
Pres. Subj.: cUEnte, cUEntes, cUEnte, contemos, contéis, cUEnten.
Imperat.: cUEnta, contad.
Verbos: acordar(se), acostarse, almorzar, apostar, aprobar, colar-(se), colgar, comprobar, consolar, contar, costar, demostrar, desollar, encontrar, jugar, mostrar, probar, recordar, renovar, rodar, soltar, sonar, soñar, tostar, tronar, volar, volcar.

73 VERBOS IRREGULARES DE LA SEGUNDA CONJUGACION

TIPO DE IRREGULARIDAD: DIPTONGACIÓN O > UE EN LAS SÍLABAS TÓNICAS.

Ejemplo: *moler.*

Pres. Ind.: mUElo, mUEles, mUEle, molemos, moléis, mUElen.
Pres. Subj.: mUEla, mUElas, mUEla, molamos, moláis, mUElan.
Imperat.: mUEle, moled.
Verbos: cocer, conmover, desenvolver(sc) (p.p., desenvuelto), devolver (p.p., devuelto), disolver (p.p., disuelto), doler, envolver (p.p., envuelto), llover, moler, morder, mover, remover, resolver (p.p., resuelto), torcer, volver (p.p., vuelto).

74 VERBOS IRREGULARES DE LA TERCERA CONJUGACION

TIPO DE IRREGULARIDAD: DEBILITACIÓN DE E > I.

Ejemplo: *pedir.*

Pres. Ind.: pIdo, pIdes, pIde, pedimos, pedís, pIden.
Indef: pedí, pediste, pIdió, pedimos, pedisteis, pIdieron.
Verbos: concebir, conseguir, corregir, derretir, despedir, elegir, impedir, medir, pedir, perseguir, repetir, seguir, servir, teñir, vestir(se).

75 VERBOS IRREGULARES DE LA TERCERA CONJUGACION

TIPO DE IRREGULARIDAD: DIPTONGACIÓN DE O > UE + DEBILITACIÓN O > U.

Ejemplo: *morir.*

Pres. Ind.: mUEro, mUEres, mUEre, morimos, morís, mUEren.
Pres. Subj.: mUEra, mUEras, mUEra, mUramos, mUráis, mUEran.
Imp. Subj.: mUriera (-ese), mUrieras, mUriera, mUriéramos, mUrierais, mUrieran.
Imperat: mUEre, morid.
Verbos: dormir, morir.

76 VERBOS IRREGULARES DE LA TERCERA CONJUGACION

TIPO DE IRREGULARIDAD: DIPTONGACIÓN E > IE+DEBILITACIÓN E > I.

Ejemplo: *mentir.*

Pres. Ind.: mIEnto, mIEntes, mIEnte, mentimos, mentís, mIEnten.
Indef.: mentí, mentiste, mIntió, mentimos, mentisteis, mIntieron.
Pres. Subj.: mIEnta, mIEntas, mIEnta, mIntamos, mIntáis, mIEntan.
Imp. Subj.: mIntiera (-ese), mIntieras, mIntiera, mIntiéramos, mIntierais, mIntieran.
Imperat.: mIEnte, mentid.
Verbos: advertir, divertir, digèrir, herir, hervir, invertir, mentir, preferir, referir, sentir.

77 VERBOS TERMINADOS EN -CER

TIPO DE IRREGULARIDAD: EPÉNTESIS DE -Z- (-Zco, -Zca).

Ejemplo: *conocer.*

Pres. Ind.: conoZco.
Pres. Subj.: conoZca, conoZcas, conoZca, conoZcamos, conoZcáis, conoZcan.
Verbos: agradecer, anochecer, aparecer, conocer, crecer, desaparecer, desobedecer, endurecer, enloquecer, enriquecer, envejecer, establecer, favorecer, florecer, merecer, nacer, obedecer, ofrecer, palidecer, parecer(se), pertenecer, reconocer.

78 VERBOS TERMINADOS EN -UCIR

TIPO DE IRREGULARIDAD: EPÉNTESIS DE -Z- (-ZCO, -ZCA)+INDEFINIDO EN -UJE.

Modelo: *conducir.*

Pres. Ind.: conduZco, conduces, conduce, conducimos, conducís, conducen.
Indef.: condUJE, condUJISTE, condUJO, condUJIMOS, condUJISTEIS, condUJERON.
Pres. Subj.: conduZca, conduZcas, conduZca, conduZcamos, conduZcáis, conduZcan.
Verbos: conducir, producir, reducir, reproducir, seducir, traducir.

79 VERBOS TERMINADOS EN -EIR (REÍR y DERIVADOS).

Pres. Ind.: rIo, rIes, rIe, reímos, reís, rIen.
Indef.: reí, reíste, rIó, reímos, reísteis, rIeron.
Pres. Subj.: rIa, rIas, rIa, rIamos, rIáis, rIan.
Imp. Subj.: rIera (-se), rIeras, rIera, rIéramos, rIerais, rIeran.
Imperat.: rIe, reíd.
Verbos: reír, sonreír.

80 VERBOS TERMINADOS EN -EER

Tipo de irregularidad: -IE-=-YE-.

Modelo: *leer.*

Indef.: leí, leíste, leYó, leímos, leísteis, leYeron.
Imp. Subj.: leYera (-se), leYeras, leYera, leYéramos, leYerais, le-Yeran.
Verbos: creer, leer.

81 VERBOS TERMINADOS EN -UIR

Tipo de irregularidad: -IO, -IA, -IE=-YO, -YA, -YE.

Modelo: *huir.*

Pres. Ind.: huYo, huYes, huYe, huimos, huis, huYen.
Indef.: hui, huiste, huYó, huimos, huisteis, huYeron.
Pres. Subj.: huYa, huYas, huYa, huYamos, huYáis, huYan.
Imp. Subj.: huYera (-se), huYeras, huYera, huYéramos, huYerais, huYeran.
Imperat.: huYe, huid.
Verbos: construir, destruir, disminuir, huir, instruir, sustituir.

82 ANDAR

Indef.: Anduve, anduviste, anduvo, anduvimos, anduvisteis, anduvieron.
Imp. Subj.: anduviera (-se), anduvieras, anduviera, etc.

83 CAER (recaer)

Pres. Ind.: caigo, caes, cae, caemos, caéis, caen.
Indef.: caí, caíste, cayó, caímos, caísteis, cayeron.
Pres. Subj.: caiga, caigas, caiga, caigamos, caigáis, caigan.
Imp. Subj.: cayera (cayese), cayeras, cayera, cayéramos, cayerais, cayeran.

84 DAR

Pres. Ind.: doy, das, da, damos, dais, dan.
Indef.: di, diste, dio, dimos, disteis, dieron.
Imp. Subj.: diera (diese), dieras, diera, diéramos, dierais, dieran.

85 DECIR (bendecir, maldecir).

Pres. Ind.: digo, dices, dice, decimos, decís, dicen.
Indef.: dije, dijiste, dijo, dijimos, dijisteis, dijeron.
Fut.: diré, dirás, dirá, diremos, diréis, dirán.
Cond.: diría, dirías, diría, diríamos, diríais, dirían.
Pres. Subj.: diga, digas, diga, digamos, digáis, digan.
Imp. Subj.: dijera (dijese), dijeras, dijera, dijéramos, dijerais, dijeran.
Imperat.: di, decid.
P. p.: dicho.

86 ESTAR

Pres. Ind.: estoy, estás, está, estamos, estáis, están.
Indef.: estuve, estuviste, estuvo, estuvimos, estuvisteis, estuvieron.
Imp. Subj.: estuviera (estuviese), estuvieras, estuviera, estuviéramos, estuvierais, estuvieran.

87 HABER

Pres. Ind.: he, has, ha *(hay,* forma especial), hemos, habéis, han.
Indef.: hube, hubiste, hubo, hubimos, hubisteis, hubieron.
Fut.: habré, habrás, habrá, habremos, habréis, habrán.
Cond.: habría, habrías, habría, habríamos, habríais, habrían.
Pres. Subj.: haya, hayas, haya, hayamos, hayáis, hayan.
Imp. Subj.: hubiera (hubiese), hubieras, hubiera, hubiéramos, hubierais, hubieran.

88 HACER (deshacer, rehacer, satisfacer)

Pres. Ind.: hago, haces, hace, hacemos, hacéis, hacen.
Indef.: hice, hiciste, hizo, hicimos, hicisteis, hicieron.
Fut.: haré, harás, hará, haremos, haréis, harán.
Cond.: haría, harías, haría, haríamos, haríais, harían.
Pres. Subj.: haga, hagas, haga, hagamos, hagáis, hagan.
Imp. Subj.: hiciera (hiciese), hicieras, hiciera, hiciéramos, hicierais, hicieran.
Imperat.: haz, haced.
P. p.: hecho.

89 IR

Pres. Ind.: voy, vas, va, vamos, vais, van.
Imp. Ind.: iba, ibas, iba, íbamos, ibais, iban.
Indef.: fui, fuiste, fue, fuimos, fuisteis, fueron.
Fut.: iré, irás, irá, iremos, iréis, irán.
Cond.: iría, irías, iría, iríamos, iríais, irían.
Pres. Subj.: vaya, vayas, vaya, vayamos, vayáis, vayan.
Imp. Subj.: fuera (fuese), fueras, fuera, fuéramos, fuerais, fueran.
Imperat.: ve, id.
P. p.: ido.
Ger.: yendo.

90 OIR

Pres. Ind.: oigo, oyes, oye, oímos, oís, oyen.
Indef.: oí, oíste, oyó, oímos, oísteis, oyeron.
Pres. Subj.: oiga, oigas, oiga, oigamos, oigáis, oigan.
Imp. Subj.: oyera (oyese), oyeras, oyera, oyéramos, oyerais, oyeran.
Imperat.: oye, oíd.
Ger.: oyendo.

91 OLER

(Se conjuga como *moler* (73), pero las formas que comienzan por *ue-* se escriben con *h-*. Ejemplos: huelo, huelan.)

92 PODER

Pres. Ind.: puedo, puedes, puede, podemos, podéis, pueden.
Indef.: pude, pudiste, pudo, pudimos, pudisteis, pudieron.
Fut.: podré, podrás, podrá, podremos, podréis, podrán.
Cond.: podría, podrías, podría, podríamos, podríais, podrían.
Pres. Subj.: pueda, puedas, pueda, podamos, podáis, puedan.
Imp. Subj.: pudiera (pudiese), pudieras, pudiera, pudiéramos, pudierais, pudieran.

93 PONER (componer, disponer, exponer, oponer, proponer, suponer)

Pres. Ind.: pongo, pones, pone, ponemos, ponéis, ponen.
Indef.: puse, pusiste, puso, pusimos, pusisteis, pusieron.
Fut.: pondré, pondrás, pondrá, pondremos, pondréis, pondrán.
Cond.: pondría, pondrías, pondría, pondríamos, pondríais, pondrían.
Pres. Subj.: ponga, pongas, ponga, pongamos, pongáis, pongan.
Imperat.: pon, poned.
P. p.: puesto.

94 QUERER

Pres. Ind.: quiero, quieres, quiere, queremos, queréis, quieren.
Indef.: quise, quisiste, quiso, quisimos, quisisteis, quisieron.
Fut.: querré, querrás, querrá, querremos, querréis, querrán.
Cond.: querría, querrías, querría, querríamos, querríais, querrían.
Pres. Subj.: quiera, quieras, quiera, queramos, queráis, quieran.
Imp. Subj.: quisiera (-se), quisieras, quisiera, quisiéramos, quisierais, quisieran.
Imperat.: quiere, quered.

95 ROER

(En la lengua conversacional se huye de la primera persona del presente de indicativo que puede ser *roo, roigo* o *royo*. Se prefiere ESTAR+gerundio: «estoy royendo». Las demás formas irregulares son poco usadas en el español hablado.)

96 SABER

Pres. Ind.: sé, sabes, sabe, sabemos, sabéis, saben.
Indef.: supe, supiste, supo, supimos, supisteis, supieron.
Fut.: sabré, sabrás, sabrá, sabremos, sabréis, sabrán.
Cond.: sabría, sabrías, sabría, sabríamos, sabríais, sabrían.
Imp. Subj.: supiera (supiese), supieras, supiera, supiéramos, supierais, supieran.

97 SALIR

Pres. Ind.: salgo, sales, sale, salimos, salís, salen.
Fut.: saldré, saldrás, saldrá, saldremos, saldréis, saldrán.
Cond.: saldría, saldrías, saldría, saldríamos, saldríais, saldrían.
Pres. Subj.: salga, salgas, salga, salgamos, salgáis, salgan.
Imperat.: sal, salid.

98 SER

Pres. Ind.: soy, eres, es, somos, sois, son.
Imp. Ind.: era, eras, era, éramos, erais, eran.
Indef.: fui, fuiste, fue, fuimos, fuisteis, fueron.
Fut.: seré, serás, será, seremos, seréis, serán.
Cond.: sería, serías, sería, seríamos, seríais, serían.
Pres. Subj.: sea, seas, sea, seamos, seáis, sean.
Imp. Subj.: fuera (fuese), fueras, fuera, fuéramos, fuerais, fueran.

99 TENER (contener, detener, entretener, mantener, obtener, retener, sostener)

Pres. Ind.: tengo, tienes, tiene, tenemos, tenéis, tienen.
Indef.: tuve, tuviste, tuvo, tuvimos, tuvisteis, tuvieron.
Fut.: tendré, tendrás, tendrá, tendremos, tendréis, tendrán.
Cond.: tendría, tendrías, tendría, tendríamos, tendríais, tendrían.
Pres. Subj.: tenga, tengas, tenga, tengamos, tengáis, tengan.
Imp. Subj.: tuviera (tuviese), tuvieras, tuviera, tuviéramos, tuvierais, tuvieran.
Imperat.: ten, tened.

100 TRAER (atraer, distraer, extraer)

Pres. Ind.: traigo, traes, trae, traemos, traéis, traen.
Imp. Ind.: traía, traías, traía, traíamos, traíais, traían.
Indef.: traje, trajiste, trajo, trajimos, trajisteis trajeron.
Fut.: traeré, traerás, traerá, traeremos, traeréis, traerán.
Cond.: traería, traerías, traería, traeríamos, traeríais, traerían.
Pres. Subj.: traiga, traigas, traiga, traigamos, traigáis, traigan.
Imp. Subj.: trajera (trajese), trajeras, trajera, trajéramos, trajerais, trajeran.
Imperat.: trae, traed.

101 VALER

Pres. Ind.: valgo, vales, vale, valemos, valéis, valen.
Fut.: valdré, valdrás, valdrá, valdremos, valdréis, valdrán.
Cond.: valdría, valdrías, valdría, valdríamos, valdríais, valdrían.
Pres. Subj.: valga, valgas, valga, valgamos, valgáis, valgan.
Imperat.: vale, valed.

102 VENIR (convenir, intervenir, prevenir)

Pres. Ind.: vengo, vienes, viene, venimos, venís, vienen.
Indef.: vine, viniste, vino, vinimos, vinisteis, vinieron.
Fut.: vendré, vendrás, vendrá, vendremos, vendréis, vendrán.
Cond.: vendría, vendrías, vendría, vendríamos, vendríais, vendrían.
Pres. Subj.: venga, vengas, venga, vengamos, vengáis, vengan.
Imp. Subj.: viniera (-se), vinieras, viniera, viniéramos, vinierais, vinieran.
Imperat.: ven, venid.

103 VER

Pres. Ind.: veo, ves, ve, vemos, veis, ven.
Imp. Ind.: veía, veías, veía, veíamos, veíais, veían.
Indef.: vi, viste, vio, vimos, visteis, vieron.
Pres. Subj.: vea, veas, vea, veamos, veáis, vean.
Imp. Subj.: viera (viese), vieras, viera, viéramos, vierais, vieran.
P. p.: visto.

VERBOS REGULARES O IRREGULARES QUE TIENEN CAMBIOS EN LA GRAFÍA POR CONSERVAR SU PRONUNCIACIÓN:

104 *a)* Terminados en -CER (cambian la *c* en *z* ante *a, o*):

Cocer, convencer, ejercer, torcer, vencer.

105 *b)* Los terminados en -CAR (cambian la *c* en *qu* ante *e*):

Acercar, ahorcar, aparcar, aplicar, arrancar, atacar, brincar, buscar, certificar, colocar, complicar, comunicar, criticar, chocar, destacar, edificar, embarcar, enfocar, equivocar, explicar, fabricar, hincar, indicar, justificar, machacar, marcar, masticar, multiplicar, pecar, pellizcar, perjudicar, pescar, picar, practicar, predicar, provocar, publicar, rascar, refrescar, roncar, sacar, sacrificar, secar, significar, sofocar, suplicar, tocar, volcar.

106 *c)* Los terminados en -GAR (toman -*u*- ante -*e*):

Abrigar, ahogar, alargar, apagar, arrugar, cargar, colgar, comulgar, descargar, despegar, encargar, enjuagar, entregar, fatigarse, fregar, investigar, jugar, juzgar, ligar, llegar, madrugar, mendigar, navegar, negar, obligar, pagar, pegar, prolongar, regar, remangar, segar, tragar, vengar.

107 *d)* Los terminados en -GER, -GIR (cambian la *g* en *j* ante -*a*, -*o*):

Coger, corregir, dirigir, encoger, escoger, exigir, proteger, recoger, surgir.

108 *e)* Los terminados en -GUIR (pierden la -*u*- ante *a, o*):

Conseguir, distinguir, perseguir, seguir.

109 *f)* Los terminados en -ZAR (cambian la *z* en *c* ante *e*):

Abrazar, adelgazar, alcanzar, almorzar, amenazar, aterrizar, autorizar, avanzar, bautizar, bostezar, cazar, comenzar, cruzar, descalzar, destrozar, disfrazar, economizar, empezar, enderezar, endulzar, garantizar, generalizar, gozar, lanzar, organizar, paralizar, rechazar, rezar, rizar, suavizar, tranquilizar, trazar, tropezar, utilizar.

110 Verbos con alteraciones de acento:

Aullar (*aú-* siempre que el radical es tónico); en los demás casos, los verbos actúan acentuando la *i* o la *u* en las siguientes formas: tres primeras personas del presente de indicativo y tercera del plural; igualmente, todo el singular y tercera del plural del presente de subjuntivo y la segunda del imperativo.

En las restantes formas, la *i* o la *u* son átonas, pero no forman diptongo con la vocal que sigue:

Verbos: confiar, continuar, desconfiar, desviar, enfriar, enviar, espiar, exceptuar, fiar, fotografiar, guiar, insinuar, liar, resfriar, vaciar, variar.

111 LISTA DE PARTICIPIOS IRREGULARES
(Según la lista de palabras frecuentes)

ABIERTO	de abrir
CUBIERTO	de cubrir
DESCRITO	de describir
DESCUBIERTO	de descubrir
DEVUELTO	de devolver
DICHO	de decir
DISPUESTO	de disponer
DISUELTO	de disolver
ENVUELTO	de envolver
ESCRITO	de escribir
FRITO	de freír
HECHO	de hacer
IMPRESO	de imprimir
MUERTO	de morir
PODRIDO*	de pudrir
PUESTO	de poner
RESUELTO	de resolver
ROTO	de romper
SATISFECHO	de satisfacer
VISTO	de ver
VUELTO	de volver

---

* Se trata, más bien, del participio regular de la forma *podrir*. De este verbo sólo queda precisamente el infinitivo y el participio.

a) Verbo auxiliar + infinitivo :

Acabar de + inf. = pasado reciente. «Acabo de ver a tu padre.»

Deber de + inf. = suposición, creencia.
Ejemplo: «Deben de ser las tres.»

Echar a + inf. = comienzo de una acción.
Ejemplo: «Echó a correr.»

Haber de + inf. = obligación.
Ejemplo: «Hemos de llegar pronto.»

Haber que + inf. = obligación.
Ejemplo: «Hay que hacerlo y se hará.»

Ir a + inf. = acción que comienza o que comenzará en seguida.
Ejemplo: «Voy a decirte una cosa.»

Llegar a + inf. = acción que se acerca a su término, o acción terminada.
Ejemplo: «Llegaron a ponerse de acuerdo», «Llegué a pensar que era usted extranjero».

Pasar a + inf. = valor incoativo.
Ejemplo: «Paso a contestar su carta.»

Ponerse a + inf. = Comienzo de una acción.
Ejemplo: «Se puso a discutir.»

Tener que + inf. = obligación.
Ejemplo: «Tienes que trabajar.»

Venir a + inf. = acción de sentido incierto o aproximativo.
Ejemplo: «... en su discurso vino a decir que...»

b) Verbo auxiliar + gerundio :

Andar + gerundio = avance de la acción.
Ejemplo: «Andan murmurando que...»

Estar + gerundio = acción durativa.
Ejemplo: «Su hijo está cantando.»
= acción reiterativa.
Ejemplo: «Los soldados están disparando.»

Ir + gerundio = progreso de la acción.

Ejemplo: «Este niño va mejorando.»

Venir + gerundio = avance, reiteración de la acción.

Ejemplo: «Eso lo vengo yo diciendo hace tres años.»

c) VERBO AUXILIAR + PARTICIPIO:

Ser + part. = voz pasiva.

Tener + part. = acción acabada en el tiempo señalado por el auxiliar. Esta perífrasis sólo es posible cuando el participio está usado como transitivo.

Ejemplo: «Este verano tenía leídas muchas novelas.»

ADVERBIOS

113   *a)* DE TIEMPO:

Ahora, anoche, anteanoche, anteayer, antes, antes de ayer, antiguamente, apenas, aproximadamente, aún, ayer, cuando, cuándo, despacio, después, en seguida, entonces, frecuentemente, hoy, inmediatamente, luego, mañana, mientras, nunca, pasado mañana, pronto, recién, recientemente, de repente, siempre, tarde, temprano, todavía, ya.

114   *b)* DE LUGAR:

Abajo, acá, adentro, adonde, adónde, afuera, ahí, alrededor, (más) allá, allí, aparte, aproximadamente, aquí, arriba, atrás, cerca, debajo, delante, dentro, derecha, detrás, donde, dónde, encima, enfrente, fuera, izquierda, lejos.

115   *c)* DE CANTIDAD:

Absolutamente, además, algo, apenas, aproximadamente, bastante, casi, completamente, cuánto, demasiado, exactamente, más, menos, muchísimo, mucho, muy, nada, poco, poquito, solamente, sólo, tan, tanto, únicamente.

116   *d)* DE MODO:

Adrede, al bies, alerta, así, bien, como, cómo, despacio, francamente, fuerte, generalmente, gratis, hondo, igualmente, ligero, mal, perfectamente, al revés, terminantemente.

117   *e)* DE ORDEN:

En fin, por fin, al final, finalmente, primeramente, primero, principalmente, segundo, sucesivamente.

118   *f)* DE AFIRMACIÓN:

Bueno, ciertamente, cierto, claro, conforme, desde luego, entendido, exactamente, justamente, naturalmente, perfectamente, perfecto, precisamente, en realidad, realmente, seguramente, seguro, sí, también, verdaderamente.

119   *g)* De negación:

Apenas, en absoluto, no, tampoco.

120   *h)* De duda:

Acaso, quizá, quizás.

121 Frases adverbiales:

Alguna vez, al mediodía, al menos, al ras, a mano, a media noche, a menudo, a pie, a prisa, así como, a veces, de acuerdo, de antemano, de buena gana, de improviso, del mismo modo, de ningún modo, de pie, de prisa, desde luego, en adelante, en breve, en efecto, en general, en lo sucesivo, en medio, en parte, en principio, en suma, en vano, mientras tanto, poco a poco, poco más o menos, por lo menos, por suerte, sin duda, sobre todo.

122 Preposiciones:

A, aparte, bajo, con, contra, de, desde, durante, en, entre, excepto, hacia, hasta, incluso, mediante, para, por, salvo, según, sin, sobre.

123 Frases prepositivas:

A falta de, a partir de, a pesar de, a(l) ras de, a propósito de, a través de, caso de, debajo de, dentro de, en caso de, en cuanto a, encima de, enfrente de, en medio de, frente a, fuera de, junto a, por medio de, respecto a.

124 Conjunciones y frases conjuntivas:

A fin de, ahora bien, a medida que, así como, aun, aunque, bien... bien, con el fin de, con tal que, de manera que, en medio de, entonces, es decir, luego, luego que, más bien, mientras, mientras que, ni, ni siquiera, o (u), o sea, para que, pero, por consiguiente, por qué, por lo tanto, porque, pues, puesto que, que, si, sin embargo, sino, tan pronto como, u, y, ya... ya.

125 INTERJECCIONES:

¡Adelante!, ¡adiós!, ¡ah!, ¡alto!, ¡anda!, ¡ay!, ¡bah!, ¡basta!, ¡caramba!, ¡cuidado!, ¡ea!, ¡eh!, ¡felicidades!, ¡hola!, ¡hombre!, ¡huy!, ¡oh!, ¡ojalá!, ¡olé!, ¡socorro!, ¡vaya!, ¡venga!, ¡viva!

126 FÓRMULAS (LEXEMAS COMPLEJOS). (No incluidos en otros apartados):

Arreglárselas, buenas noches, buenas tardes, buenos días, dar parte, darse cuenta, echar a perder, echar de menos, encogerse de hombros, enhorabuena, estar a punto de, hacer falta, hacer punto, lastima (qué —), pasarlo (+adv. de modo), por ejemplo, por favor, qué lástima, sentirlo, ser necesario, ser preciso.

TERCERA PARTE

LISTA COMPLETA POR ORDEN
ALFABETICO (*)

(*) Véase la explicación de esta tercera parte en la pág. 7.

A

a, 1, 122.
abajo, 1, 113.
abandonar, 3, 67.
abanico, 2, 23.
abeja, 2, 21, 23.
abierto, 1, 23, 35, 111.
abogado, 2, 5, 23.
abono, 3, 23.
abrazar, 2, 67, 109.
abrazo, 1, 23.
abreviar, 3, 67.
abrigar, 2, 67, 106.
abrigo, 1, 23.
abril, 1, 32.
abrir, 1, 69.
abrochar, 2, 67.
absolutamente, 2, 115.
absurdo, 3, 23.
abuelo, 1, 5, 23.
abundancia, 3, 23.
abundante, 2, 23, 36.
aburrido, 2, 23.
aburrir(se), 2, 69.
abusar, 3, 67.
abuso, 3, 23.
acá (Am.), 1, 113.
acabar, 1, 67.
acabar de, 1, 67, 112.
academia, 2, 23.
acampar, 3, 67.
acariciar, 2, 67.
acaso, 2, 120.
accidente, 1, 23.
acción, 3, 26.

aceite, 1, 23.
aceituna, 1, 23.
acelerar, 3, 67.
acento, 3, 23.
aceptar, 3, 67.
acera, 1, 23.
acercar, 2, 67, 105.
acero, 3, 23.
acertar, 2, 70.
ácido, 2, 23.
aclarar(se), 3, 67.
acomodador, 3, 6, 26.
acompañar, 1, 67.
aconsejar, 3, 67.
acordarse, 2, 72.
acortar, 3, 67.
acostar(se), 1, 72.
acostumbrar, 2, 67.
actitud, 3, 26.
activo, 3, 23, 35.
actor, 3, 7, 26, 28.
actriz, 3, 7, 28.
acudir, 3, 69.
acuerdo, 3, 23.
acumular, 3, 67.
acusar, 3, 67.
achaque, 3, 23.
adaptar, 3, 67.
adelantar, 2, 67.
¡adelante!, 2, 125.
adelanto, 3, 23.
adelgazar, 2, 67, 109.
además, 1, 115.
adentro, 1, 113.
¡adiós!, 1, 125.
adivinar, 3, 67.

administración, 3, 26.
administrador, 3, 6, 26.
administrar, 3, 67.
admirable, 3, 23, 36.
admirador, 3, 6, 26.
admirar, 3, 67.
admitir, 3, 69.
adonde, 1, 113.
a dónde, 1, 113.
adoptar, 3, 67.
adoquín, 3, 26.
adornar, 2, 67.
adorno, 2, 23.
adrede, 3, 116.
aduana, 2, 23.
adulto, 3, 5, 23.
advertir, 3, 76.
aéreo, 3, 23, 35.
aeropuerto, 2, 23.
afeitarse, 1, 67.
afición, 3, 26.
aficionado, 2, 23.
a fin de, 3, 124.
afirmar, 3, 67.
aflojar, 3, 67.
afuera, 1, 113.
afueras, 3, 31.
agachar(se), 2, 67.
agarrar(se), 2, 67.
agencia, 3, 23.
ágil, 3, 26, 39.
agitar, 3, 67.
agosto, 1, 30.
agotar, 3, 67.
agradable, 2, 23, 36.
agradar, 2, 67.

agradecer, 3, 77.
agradecimiento, 3, 30.
agrado, 3, 30.
agrandar, 3, 67.
agravar, 3, 67.
agricultor, 2, 6, 26.
agricultura, 3, 30.
agrio, 1, 23, 35.
agrupar, 3, 67.
agua, 1, 23.
aguantar, 2, 67.
agudo, 3, 23, 35.
águila, 3, 21, 23.
aguinaldo, 3, 23.
aguja, 1, 23.
agujerear, 3, 67.
agujero, 1, 23.
¡ah!, 1, 125.
ahí, 1, 113.
ahijado, 3, 5, 23.
ahogar, 2, 67, 106.
ahora, 1, 113.
ahora bien, 3, 124.
ahorcar, 3, 67, 105.
ahorrar, 1, 67.
aire, 1, 23.
ajo, 1, 23.
al, 1, 53, b).
ala, 1, 23.
alabar, 3, 67.
alambrada, 3, 23.
alambre, 1, 23.
alameda, 3, 23.
alargar, 3, 67, 106.
alarma, 3, 23.
albañil, 2, 15, 26.
albaricoque, 2, 23.
al bies, 3, 116.
albóndiga, 3, 23.
álbum, 2, 26.
alcachofa, 3, 23.
alcalde, 2, 10, 23.
alcaldesa, 10.
alcantarilla, 3, 23.
alcanzar, 1, 67, 109.
alcohol, 1, 26.

alcohólico, 3, 35.
alegrar(se), 2, 67.
alegre, 1, 23, 36.
alegría, 1, 23.
alejar, 3, 67.
alemán, 3, 6, 40.
alerta, 3, 116.
alfabeto, 3, 23.
alfiler, 2, 26.
alfombra, 2, 23.
algo, 1, 66.
algo, 1, 115.
algodón, 2, 26.
alguien, 1, 66.
algún, 1, 45.
alguno, -a, -os, as, 1, 66.
alguna vez, 2, 121.
alhaja, 3, 23.
aliado, 3, 5, 23.
alianza, 3, 23.
aliento, 3, 23.
alimentación, 3, 26.
alimentar, 3, 67.
alimento, 2, 23.
aliñar, 3, 67.
aliviar, 3, 67.
alivio, 3, 23.
alma, 2, 23.
almacén, 2, 26.
almanaque, 2, 23.
almeja, 2, 23.
almendra, 2, 23.
almohada, 1, 23.
almorzar, 1, 72, 109.
almuerzo, 1, 23.
alojamiento, 3, 23.
alojar, 3, 67.
alpinista, 3, 13, 23.
alquilar, 2, 67.
alquiler, 2, 26.
alquitrán, 3, 30.
al ras, 3, 121.
al ras de, 3, 123.
alrededor, 1, 113.
alrededores, 3, 31.
al revés, 2, 116.

altar, 2, 26.
altavoz, 3, 28.
alto, 1, 23, 35.
¡alto!, 3, 125.
altura, 1, 23.
alumbrado (adj.) 3, 23, 35.
alumbrado (sust.) 3-23.
alumbrar, 3, 67.
aluminio, 3, 30.
alumno, 1, 5, 23.
allá, 3, 114.
allí, 1, 114.
amabilidad, 3, 26.
amable, 2, 23, 36.
a mano, 121.
amante, 3, 14, 23.
amar, 2, 67.
amargo, 1, 23, 35.
amargor, 3, 26.
amargura, 3, 23.
amarillento, 3, 23, 35.
amarillo, 1, 23, 35.
ambición, 3, 26.
ambicioso, 3, 23, 35.
ambos, 3, 64.
ambulancia, 3, 23.
a medida que, 3, 124.
amenaza, 3, 23.
amenazar, 3, 67, 109.
a menudo, 2, 121.
americano, 2, 5, 23.
amo, 1, 5, 23.
amistad, 3, 23.
amistoso, 3, 23, 35.
amo, 1, 5, 23.
amontonar, 3, 67.
amor, 2, 26.
amor propio, 3, 30.
amplio, 2, 23, 35.
ampolla, 3, 23.
amueblar, 3, 67.
analfabeto, 3, 5, 23.
análisis, 3, 33.
anciano, 2, 5.
ancla, 3, 23.

ancho, 1, 23, 35.
anchoa, 3, 23.
anchura, 3, 23.
¡anda!, 1, 125.
andaluz, 3, 28, 40.
andamio, 3, 23.
andar, 1, 82, 112.
andén, 3, 26.
ángel, 2, 26.
anginas, 2, 31.
ángulo, 3, 23.
anillo, 2, 23.
animación, 3, 26.
animal, 1, 26.
animar, 3, 67.
animarse, 2, 67.
anís, 3, 32.
anoche, 1, 113.
anochecer, 3, 77.
anotar, 2, 67.
ante, 3, 122.
anteanoche, 2, 113.
anteayer, 1, 113.
antemano, (de —), 3,
    121.
antepasado, 3, 5.
anterior, 3, 26, 43.
antes, 1, 113.
antes de ayer, 3, 113.
anti- (prefijo), 3, 4.
antibiótico, 3, 23.
anticipo, 3, 23.
antiguamente, 2, 113.
antigüedad, 3, 32.
antigüedades, 3, 23.
antiguo, 1, 23, 35.
antipático, 2, 35.
anunciar, 2, 67.
anuncio, 2, 23.
añadir, 2, 69.
año, 1, 23.
apagar, 1, 67, 106.
aparador, 3, 26.
aparato, 3, 23.
aparcamiento, 2, 23.
aparcar, 1, 67, 105.

aparecer, 2, 77.
aparentar, 3, 67.
apariencia, 3, 23.
apartamento, 2, 23.
apartar(se), 3, 67.
aparte, 2, 114, 122.
a partir de, 3, 123.
apearse, 3, 67.
apellido, 1, 23.
apenas, 2, 113, 115, 119.
a pesar de, 3, 123.
apetito, 2, 30.
a pie, 2, 121.
aplanar, 3, 67.
aplastar, 2, 67.
aplaudir, 3, 69.
aplicado, 2, 23, 35.
aplicar(se), 3, 67, 105.
aplomo, 3, 30.
apoderarse, 3, 67.
apostar, 3, 72.
apoyar(se), 3, 67.
apoyo, 3, 23.
apreciar, 3, 67.
aprender, 1, 68.
aprendiz, 2, 6, 28.
apretar, 2, 70.
a prisa, 2, 121.
aprobado, 2, 23, 35.
aprobar, 2, 72.
aprovechar(se), 3, 67.
aproximadamente, 3,
    113, 114, 115.
aproximar(se), 3, 67.
apuntar, 3, 67.
apurar, 3, 67.
apuro, 3, 23.
aquel, 1, 57.
aquél, 1, 58.
aquella, 1, 57.
aquélla, 1, 58.
aquellas, 1, 57.
aquéllas, 1, 58.
aquello, 1, 58.
aquellos, 1, 57.
aquéllos, 1, 58.

aquí, 1, 114.
arado, 3, 23.
árbitro, 3, 15, 23.
árbol, 1, 26.
arbusto, 3, 23.
arco, 3, 23.
arco iris, 3, 30.
archivo, 3, 23.
arder, 1, 68.
arena, 2, 23.
arma, 3, 23.
armar, 3, 67.
armazón, 3, 26.
armario, 1, 23.
armonía, 3, 23.
arquitecto, 3, 15, 23.
arquitectura, 3, 30.
arrancar, 2, 67, 105.
arrasar, 3, 67.
arrastrar, 3, 67.
arreglar, 1, 67.
arreglarse, 2, 67.
arreglárselas, 3, 126.
arrestar, 3, 67.
arresto, 3, 23.
arriba, 1, 114.
arrojar, 3, 67.
arroyo, 3, 23.
arroz, 1, 30.
arruga, 3, 23.
arrugado, 3, 23, 35.
arrugar, 2, 67, 106.
arruinar, 3, 67.
arte, 2, 23.
artesanía, 2, 30.
artículo, 3, 23.
artificial, 3, 26, 39.
artillería, 3, 30.
artista, 2, 13, 23.
asa, 2, 23.
asado, 2, 23.
asar, 2, 67.
ascensor, 1, 26.
asco, 3, 23.
asearse, 3, 67.
asegurar, 3, 67.

aseo, 3, 32.
aseos, 32.
asesinar, 3, 67.
asesinato, 3, 23.
asesino, 3, 5, 23.
así, 1, 116.
así como, 3, 121, 124.
asiento, 3, 23.
asistenta, 2, 16, 23.
asistir, 2, 69.
asociar, 3, 67.
asomarse, 2, 67.
asombrar, 3, 67.
asombro, 3, 23.
aspecto, 3, 23.
aspiradora, 2, 23.
aspirina, 2, 23.
astucia, 3, 23.
astuto, 3, 23, 35.
asunto, 3, 23.
asustar, 3, 67.
atacar, 3, 67, 105.
ataque, 3, 23.
atar, 1, 67.
ataúd, 3, 26.
atención, 2, 32.
atenciones, 3, 32.
atento, 3, 23, 35.
aterrizar, 3, 67, 109.
atmósfera, 3, 32.
atraer, 3, 100.
atrapar, 3, 67.
atrás, 1, 114.
atrasado, 3, 23, 35.
atravesar, 3, 70.
a través de, 3, 123.
atreverse, 3, 68.
atropellar, 2, 67.
atún, 2, 21, 26.
audacia, 3, 23.
aullar, 3, 67, 110.
aumentar, 2, 67.
aumento, 3, 23.
aun, 3, 124.
aún, 2, 113.
aunque, 1, 124.

auténtico, 3, 23, 35.
auto, 1, 23.
autobús, 1, 26.
autocar, 2, 26.
automático, 3, 23, 35.
automóvil, 3, 26.
autopista, 3, 23.
autor, 3, 6, 26.
autoridad, 3, 26.
autorizar, 3, 67, 109.
«auto stop», 3, 30.
auxiliar, 3, 26, 39.
auxilio, 3, 23.
avanzar, 3, 67, 109.
avaro, 3, 23, 35.
ave, 3, 21, 23.
a veces, 2, 121.
avenida, 2, 23.
aventura, 3, 23.
avería, 3, 23.
aviación, 3, 30.
aviador, 3, 6.
avión, 1, 26.
aviso, 3, 23.
¡ay!, 1, 125.
ayer, 1, 113.
ayuda, 3, 23.
ayudante, 3, 11, 13.
ayudar, 1, 67.
ayuntamiento, 2, 23.
azafata, 3, 16, 23.
azafrán, 3, 30.
azúcar, 1, 30.
azucarero, 2, 23.
azul, 1, 26, 39.
azul marino, 2, 30, 39.

B

bacalao, 2, 21, 23.
bache, 3, 23.
bachiller, 2, 6, 15.
bachillerato, 2, 23.
badil, 2, 26.
¡bah!, 2, 125.

bailar, 1, 67.
baile, 2, 23.
baja (sust.), 3, 23.
bajada, 2, 23.
bajar, 1, 67.
bajo, -a, 1, 23, 35.
bajo (prep.), 2, 122.
bala, 3, 23.
balanza, 3, 23.
balcón, 1, 26.
baldosa, 2, 23.
balón, 1, 26.
banco ('asiento'), 1, 23.
banco ('banca'), 2, 23.
banda, 3, 23.
bandeja, 1, 23.
bandera, 2, 23.
banderilla, 3, 23.
bandido, 3, 5, 23.
banquete, 3, 23.
bañador, 3, 23.
bañar(se), 1, 67.
bañera, 2, 23.
baño, 1, 23.
bar, 1, 26.
baranda, 3, 23.
barato, 1, 23, 35.
barba, 1, 23.
barbaridad, 3, 26.
bárbaro, 3, 23, 35.
barbería, 2, 23.
barbero, 2, 15, 23.
barbilla, 2, 23.
barca, 2, 23.
barco, 1, 23.
barniz, 3, 28.
barra, 3, 23.
barrer, 1, 68.
barrera, 3, 23.
barrio, 1, 23.
barro, 2, 30.
barrote, 3, 23.
base, 3, 23.
¡basta!, 2, 125.
bastante (adv.), 1, 115.
bastante, -es, 1, 66.

bastar, 3, 67.
bastón, 3, 26.
basura, 1, 23.
bata, 2, 23.
batalla, 3, 23.
batir, 3, 69.
baúl, 2, 26.
bautizar, 2, 67, 109.
bautizo, 2, 23.
beber, 1, 68.
bebida, 2, 23.
beca, 3, 23.
becario, 3, 5, 23.
bedel, 3, 6, 26.
«beige», 3, 30, 36.
belleza, 3, 23.
bendecir, 3, 85.
bendito, 3, 23, 35.
beneficio, 3, 23.
besar, 1, 67.
beso, 1, 23.
bestia, 3, 23, 38.
biberón, 3, 26.
biblioteca, 3, 23.
bicarbonato, 3, 30.
bicicleta, 1, 23.
bicho, 2, 23.
bien, 1, 32.
bien, 1, 116.
bienes, 3, 32.
bies (al —), 3, 116.
bigote, 1, 23.
billete, 1, 23.
bistec, 1, 25.
bizcocho, 3, 23.
blanco, 1, 23, 35.
blancura, 3, 30.
blando, 1, 23, 35.
blanquear, 2, 67.
bloque, 3, 23.
blusa, 1, 23.
bobada, 3, 23.
bobina, 2, 23.
boca, 1, 23.
bocadillo, 1, 23.
bocado, 1, 23.

boda, 2, 34.
bodega, 3, 23.
boina, 3, 23.
bola, 3, 23.
bolí(grafo), 1, 23.
bolsa, 3, 23.
bolsillo, 1, 23.
bolso, 1, 23.
bollo, 2, 23.
bomba, 3, 23.
bombero, 3, 15, 23.
bombilla, 2, 23.
bombón, 2, 26.
bonito, 1, 23.
boquerón, 2, 26.
bordar, 2, 67.
borde, 3, 23.
borracho, 2, 23, 35.
borrar, 1, 67.
bosque, 3, 23.
bostezar, 3, 67, 109.
bota (calzado), 2, 23.
bota (de vino), 3, 23.
botella, 1, 23.
botijo, 2, 23.
botón, 1, 26.
botones (de hotel), 2, 33.
bóveda, 3, 23.
boxeador, 3, 15, 26.
boxeo, 3, 30.
bragas, 2, 31.
brasero, 2, 23.
bravo, 3, 23, 35.
¡bravo!, 3, 125.
brazo, 1, 23.
breve, 3, 23, 36.
breve (en —), 3, 121.
brillante (adj.), 2, 23, 36.
brillante (sust.), 3, 23.
brillar, 2, 67.
brillo, 2, 23.
brincar, 3, 67, 105.
brocha, 2, 23.
broma, 1, 23.
bromear, 3, 67.
bronce, 3, 23.

brotar, 3, 67.
brújula, 3, 23.
bruma, 3, 23.
brusco, 3, 23, 35.
brutal, 3, 26, 39.
brutalidad, 3, 26.
bruto, 2, 23, 35.
buenas noches, 1, 126.
buenas tardes, 1, 126.
buen(o), -a, 1, 23, 35, 45.
bueno (adv.), 1, 118.
buenos días, 1, 126.
buey, 3, 22, 26.
bufanda, 2, 23.
buhardilla, 2, 23.
bulto, 2, 23.
buque, 3, 23.
burla, 2, 23.
burlarse, 1, 67.
burro, 3, 17, 23.
buscar, 1, 67, 105.
butaca, 1, 23.
butano, 3, 30.
buzón, 1, 26.

C

caballería, 3, 30.
caballo, 1, 22, 23.
cabaña, 3, 26.
cabás, 3, 67.
cabeza, 1, 23.
cabina, 3, 23.
cabo (milit.), 3, 15, 23.
cabo (geogr.), 3, 23.
cabra, 2, 22, 23.
cacerola, 1, 23.
cacharro, 2, 23.
cada, 1, 64.
cada uno, 1, 64.
cadena, 3, 23.
cadera, 3, 23.
caer, 1, 83.
café, 1, 24.
cafetera, 2, 23.

celos, 3, 32.
cementerio, 3, 23.
cemento, 3, 30.
cena, 1, 23.
cenar, 1, 67.
cenicero, 2, 23.
ceniza, 3, 23.
censurar, 3, 67.
centenar, 3, 26, 65.
centímetro, 3, 23, 35.
céntimo, 1, 23.
centinela, 3, 15, 23.
central, 3, 26, 39.
centro, 1, 23.
cepillar, 3, 67.
cepillo, 2, 23.
cera, 3, 23.
cerca, 1, 114.
cercano, 3, 23, 35.
cerdo, 2, 17, 23.
cerebro, 2, 23.
ceremonia, 3, 23.
cereza, 2, 23.
cerilla, 1, 23.
cero, 1, 60.
cerrado, 1, 23, 35.
cerradura, 2, 23.
cerrajero, 3, 15, 23.
cerrar, 1, 70.
cerrojo, 2, 23.
certeza, 3, 23.
certificado, 2, 23.
certificar, 3, 67, 105.
cerveza, 1, 23.
cesta, 1, 23.
cesto, 2, 23.
cicatriz, 3, 28.
ciclista, 3, 13, 23.
ciego, 2, 5.
cielo, 1, 23.
cien, 1, 60.
ciento, 1, 60.
ciencia, 3, 23.
ciertamente, 3, 118.
cierto (adv.), 2, 118.

cierto (indef.), 3, 23, 35, 66.
cifra, 3, 23.
cigarrillo, 1, 23.
cigarro, 'cigarrillo', 1, 23; 'cigarro puro', 2, 23.
cinco, 1, 60.
cincuenta, 1, 60.
cine, 1, 23.
cinta, 3, 23.
cintura, 3, 23.
cinturón, 1, 26.
circo, 3, 23.
circular (verbo), 3, 67.
circular (adj.), 3, 26, 39.
círculo, 3, 23.
circunferencia, 3, 23.
circunstancia, 3, 23.
ciruela, 2, 23.
cirugía, 3, 30.
cirujano, 3, 15, 23.
cita, 3, 23.
citar, 3, 67.
ciudad, 1, 26.
ciudadano, 3, 5, 23.
civil, 3, 26, 39.
clandestino, 3, 23, 35.
clara (de huevo), 2, 23.
claridad, 3, 26.
claro, 2, 23, 35.
claro (adv.), 1, 118.
clase, 1, 23.
clavar, 3, 67.
clavel, 2, 26.
clavo, 3, 23.
cliente, 2, 11, 23.
clima, 3, 23.
clínica, 3, 23.
cobarde, 2, 23, 36.
cobardía, 2, 23.
cobrador, 3, 6, 26.
cobrar, 1, 67.
cobre 3, (23), 30.
cocer, 1, 73, 104.
cocido, 2, 23.

cocina, 1, 23.
cocina de gas, 2, 23.
cocinero, 3, 5, 23.
coche, 1, 23.
codo, 2, 23.
cofre, 3, 23.
coger, 1, 68, 107.
cohete, 3, 23.
coincidir, 3.
cojear, 3, 67.
cojín, 3, 26.
cojo, 3, 5, 23.
col, 2, 26.
cola, 2, 23.
cola, 2, 23.
colaborar, 3, 67.
colada, 3, 23.
colarse, 3, 72.
colcha, 1, 23.
colchón, 1, 26.
colección, 3, 26.
colega, 3, 13, 23.
colegio, 1, 23.
cólera, 3, 23.
colgar, 1, 72, 106.
coliflor, 2, 26.
colocación, 3, 26.
colocar, 1, 67, 105.
colonia (agua de), 3, 23.
color, 1, 26.
colorado, 2, 23, 35.
columna, 3, 23.
collar, 2, 26.
coma, 3, 23.
comandante, 3, 15, 23.
combinación, 3, 26.
combinar, 3, 67.
comedia, 3, 23.
comedor, 1, 26.
comenzar, 3, 70, 109.
comer, 1, 68.
comerciante, 3, 11, 13, 23.
comercio, 3, 23.
comestibles, 1, 13.
cometer, 3, 68.

cómico, 3, 23, 35.
comida, 1, 23.
comisaría, 3, 23.
comisario, 3, 15, 23.
como, 1, 116.
cómo, 1, 116.
cómoda, 3, 23.
comodidad, 3, 26.
cómodo, 2, 23, 35.
compañero, 2, 5, 23.
compañía, 3, 23.
comparación, 3, 26.
comparar, 2, 67.
competencia, 3, 23.
competente, 3, 23, 36.
completamente, 1, 115.
completar, 3, 67.
completo, 2, 23, 35.
complicación, 3, 26.
complicado, 3, 23, 35.
complicar, 3, 67, 105.
cómplice, 3, 23, 36.
componer, 2, 93.
comportarse, 3, 67.
compositor, 3, 6, 26.
compra, 2, 23.
comprar, 1, 67.
comprender, 2, 68.
comprobar, 3, 72.
comprometer(se), 3, 68.
compromiso, 3, 23.
comulgar, 2, 67, 106.
común, 3, 26, 39.
comunicación, 3, 26.
comunicar, 3, 67, 105.
comunión, 3, 26.
comunismo, 3, 30.
comunista, 3, 13.
con, 1, 122.
concebir, 3, 74.
conceder, 3, 68.
concejal, 3, 15, 26.
concentrar, 3, 67.
conciencia, 3, 23.
concienzudo, 3, 23, 35.
concierto, 3, 23.

concilio, 3, 23.
concreto, 3, 23, 35.
concurso, 3, 23.
concha, 3, 23.
conde, -esa, 3, 10, 23.
condena, 3, 23.
condenar, 3, 67.
condensada (leche), 3, 30.
condición, 3, 26.
conducir, 1, 78.
conducta, 3, 23.
conductor, 2, 6, 26.
conejo, 2, 17, 23.
con el fin de, 3, 124.
confección, 3, 26.
conferencia, 3, 23.
confesar(se), 2, 70.
confianza, 3, 23.
confiar, 3, 67, 110.
confirmar, 3, 67.
confitería, 2, 23.
conformar(se), 3, 67.
conforme, 2, 118.
confundir(se), 3, 69.
conjunto, 3, 23.
conmigo, 1, 48.
conmover, 3, 73.
conocer, 1, 77.
conocimiento, 3, 23.
conquista, 3, 23.
conquistar, 3, 67.
consecuencia, 3, 23.
conseguir, 3, 74, 108.
consejo, 3, 23.
consentir, 3, 76.
conserje, 3, 15, 23.
conserva, 3, 23.
conservar, 3, 67.
considerar, 3, 67.
consigna (de estación), 3, 23.
consigo, 3, 52.
consiguiente, por, 3, 124.
consistir, 3, 69.

consolar, 3, 72.
consonante, 3, 23.
construcción, 3, 26.
construir, 2, 81.
cónsul, 3, 15.
consulta, 3, 23.
consultar, 3, 67.
contable, 3, 13, 23.
contacto, 3, 23.
contado, al, 2, 126.
contagioso, 3, 23, 35.
con tal que, 3, 124.
contar, 1, 72.
contener(se), 2, 99.
contentar(se), 3, 67.
contento, 1, 23, 35.
contestar, 1, 67.
contigo, 1, 49.
continuar, 3, 67, 110.
continuo, 3, 23, 35.
contra, 1, 122.
contrabando, 3, 30.
contrario, 3, 23, 35.
contratar, 3, 67.
contrato, 3, 23.
convencer(se), 3, 68, 104.
convenir, 3, 102.
conversación, 2, 26.
coñac, 3, 25.
copa, 1, 23.
copia, 2, 23.
copiar, 2, 67.
corazón, 1, 26.
corbata, 1, 23.
cordero, 2, 22, 23.
cordillera, 3, 23.
cordón, 3, 26.
coronel, 3, 15, 26.
correcto, 3, 23, 35.
corregir, 3, 74, 107.
correo, 1, 32.
correos, 2, 32.
correr, 1, 68.
correspondencia, 3, 32.
corresponder, 3, 68.

corrida, 2, 23.
corriente (adj.), 2, 23, 36.
corriente (sust.), 3, 23.
cortar, 1, 67.
corteza, 3, 23.
cortijo, 3, 23.
cortina, 3, 23.
corto, 2, 23, 35.
cosa, 1, 23.
cosecha, 3, 23.
coser, 1, 68.
costa, 3, 23.
costado, 3, 23.
costar, 1, 72.
costilla, 3, 23.
costumbre, 1, 23.
costura, 2, 23.
costurera, 2, 16, 23.
crecer, 2, 77.
crecimiento, 3, 30.
creer, 2, 80.
crema, 2, 23.
cremallera, 2, 23.
criado (—), -a (+), 1, 5, 23.
crimen, 3, 26.
criminal, 3, 26, 39.
cristal (de ventana), 1, 26.
cristianismo, 3, 30.
cristiano, 2, 5, 23.
criticar, 3, 67, 105.
crítico, 3, 15, 23.
cruce, 3, 23.
crudo, 3, 23, 35.
cruel, 3, 26, 39.
crujir, 3, 69.
cruz, 3, 28.
cruzar, 1, 67, 109.
cuaderno, 1, 23.
cuadra, 3, 23.
cuadrado, 1, 23, 35.
cuadro, 1, 23.
cual, -es, 1, 59.
cual (el —), la, 1, 59.

cuales (los —), las, 1, 59.
cualesquiera, 3, 66.
cualquier, 1, 45, 66.
cualquiera, 1, 66.
cuando, 1, 113.
cuándo, 1, 113.
cuanto, 2, 66.
cuánto, -a, -os, -as, 1, 66.
cuánto, 1, 115.
cuanto (en — a), 3, 123.
cuarenta, 1, 60.
cuartel, 3, 26.
cuartilla, 3, 23.
cuarto (ord.), 1, 23, 35, 61.
cuarto (part.), 1, 23, 62.
cuarto (sust.), 1, 23.
cuarto de aseo, 2, 23.
cuarto de baño, 1, 23.
cuatro, 1, 60.
cuatrocientos, 1, 60.
cubierto, 3, 23, 35, 111.
cubierto (sust.), 3, 23.
cúbico (metro), 3, 23.
cubo, 1, 23.
cubrir, 3, 69.
cuchara, 1, 23.
cuchillo, 1, 23.
cuello, 1, 23.
cuenta, 1, 23.
cuenta (darse —), 2, 126.
cuento, 2, 23.
cuerda, 1, 23.
cuerno, 3, 23.
cuero, 3, 32.
cueros (en —), 2, 32, 126.
cuerpo, 1, 23.
cuesta, 3, 23.
cueva, 3, 23.
cuidado, 3, 23.
¡cuidado!, 2, 125.

cuidar, 2, 67.
culpa, 2, 23.
culpable, 3, 23, 36.
culto, 3, 23, 35.
cultura, 3, 23.
cumpleaños, 2, 33.
cumplir, 2, 69.
cuna, 2, 23.
cundir, 2, 69.
cuñado, 1, 5, 23.
cura (fem.), 3, 23.
cura (masc.), 1, 15, 23.
curar, 1, 67.
curiosidad, 3, 26.
curioso, 2, 23, 35.
curso, 2, 23.
curva, 2, 23.
curvo, 3, 23, 35.
cuyo, 2, 59.

CH

chabola, 3, 23.
chaleco, 2, 23.
chalet, 3, 25.
chapa, 3, 23.
chaqueta, 1, 23.
charco, 2, 23.
charlar, 2, 67.
cheque, 2, 23.
chico, 1, 5, 23, (35).
chillar, 2, 67.
chimenea, 3, 23.
chiquillo, 3, 5, 23.
chispa, 3, 23.
chiste, 3, 23.
chocar, 1, 67, 105.
chocolate, 1, 23.
chófer, 3, 15, 26.
choque, 3, 23.
chorro, 3, 23.
choza, 3, 23.
chuleta, 2, 23.
chupar, 2, 67.
churro, 2, 23.

D

daño, 1, 23.
dar, 1, 84.
dar parte, 3, 126.
darse cuenta, 2, 126.
dato, 3, 23.
de, 1, 122.
de acuerdo, 2, 121.
de antemano, 3, 121.
debajo, 1, 114.
debajo de, 1, 123.
deber, 1, 68.
deber, 1, 32.
deber de, 2, 112.
deberes, 3, 32.
débil, 2, 26, 39.
de buena gana, 2, 121.
decidir(se), 3, 69.
décimo, 1, 61.
decir, 1, 85.
declarar, 2, 67.
dedo, 1, 23.
defecto, 2, 23.
defender, 2, 71.
defensa, 3, 23.
de improviso, 3, 121.
dejar, 1, 67.
del, 1, 53, b).
delantal, 3, 26.
delante, 1, 114.
delantera, 3, 23.
delegado, 3, 5.
deletrear, 3, 67.
delgado, 1, 23, 35.
delicado, 3, 23, 35.
delicioso, 3, 23, 35.
delito, 3, 23.
del mismo modo, 3, 121.
de manera que, 3, 124.
demás, 2, 66.
demasiado, 1, 115.
demasiado, -a, -os, -as, 1, 66.
demostración, 3, 26.
demostrar, 3, 72.

de ningún modo, 3, 121.
denso, 3, 23, 35.
dentista, 3, 13.
dentro, 1, 114.
dentro de, 1, 123.
denuncia, 3, 23.
denunciar, 3, 67.
departamento, 3, 23.
depender, 3, 68.
dependiente, 2, 11, 23.
de pie, 1, 121.
deporte, 2, 23.
depositar, 3, 67.
depósito, 3, 23.
de prisa, 1, 121.
derecha, 1, 114.
derecho (adj.), 3, 23, 35.
derecho (sust.), 3, 23.
de repente, 2, 113.
derramar, 2, 67.
derretir, 2, 74.
derribar, 3, 67.
derrochar, 3, 67.
des- (prefijo), 2, 4.
desabrochar, 2, 67.
desagradable, 3, 23, 36.
desagradar, 3, 67.
desanimar(se), 3, 67.
desaparecer, 3, 77.
desarmar, 3, 67.
desarrollo, 3, 23.
desastre, 3, 23.
desastroso, 3, 23, 35.
desatar, 2, 67.
desayunar, 1, 67.
desayuno, 1, 23.
descalzar, 3, 67, 109.
descansar, 1, 67.
descanso, 2, 23.
descargar, 3, 67, 106.
desconfiar, 3, 67, 110.
desconocido, 3, 23, 35.
descontento, 3, 23, 35.
descorchar, 3, 67.
describir, 3, 69.
descrito, 3, 111.

descubierto, 3, 111.
descubrimiento, 3, 23.
descubrir, 3, 69.
descuidado, 3, 23, 35.
descuidar(se), 2, 67.
descuido, 3, 23.
desde, 1, 122.
desde luego, 1, 118, 121.
desear, 2, 67.
desembarcar, 3, 67.
desempeñar, 3, 67.
desengañar, 3, 67.
desenvolverse, 3, 73.
desenvuelto, 3, 23, 35.
deseo, 2, 23.
desesperación, 3, 26.
desesperar(se), 3, 67.
desfile, 3, 23.
desgana, 3, 23.
desgracia, 2, 23.
desgraciado, 3, 23, 35.
deshacer, 2, 88.
deshonesto, 3, 23, 35.
deshonrar, 3, 67.
desierto, 3, 23, 35.
desilusión, 3, 26.
desinteresado, 3, 23, 35.
deslumbrar, 3, 67.
desmayarse, 3, 67.
desnudar(se), 1, 67.
desnudo, 2, 23, 35.
desobedecer, 3, 77.
desollar, 3, 72.
desorden, 3, 26.
desordenado, 3, 23, 35.
despacio, 1, 116.
despacho, 3, 23.
despedir, 3, 74.
despegar, 3, 67, 106.
despejado, 3, 23, 35.
despejar, 3, 67.
desperdiciar, 3, 67.
despertador, 2, 26.
despertar(se), 1, 70.
despido, 3, 23.
despreciable, 3, 23, 36.

despreciar, 3, 67.
desprecio, 3, 23.
después, 1, 113.
destacar, 3, 67, 105.
desterrar, 3, 70.
destinar, 3, 67.
destino, 3, 23.
destrozar, 3, 67, 109.
destrozo, 3, 23.
destruir, 2, 81.
desviar, 3, 67, 110.
detalle, 3, 23.
detener, 3, 99.
detenido, 3, 23, 35.
detrás, 1, 114.
deuda, 3, 23.
devolver, 2, 73.
devuelto, 2, 111.
día, 1, 23.
diablo, 3, 23.
diamante, 3, 23.
diario (adj.), 3, 23, 35.
diario (sust.), 2, 23.
dibujar, 1, 67.
dibujo, 2, 23.
diccionario, 3, 23.
diciembre, 1, 30.
dictado, 2, 23.
dictadura, 3, 23.
dicho, 1, 111.
diecinueve, 1, 60.
dieciocho, 1, 60.
dieciséis, 1, 60.
diecisiete, 1, 60.
diente, 1, 23.
diez, 1, 60.
diferencia, 2, 23.
diferenciar(se), 3, 67.
diferente, 1, 23, 36.
difícil, 1, 26, 39.
dificultad, 3, 26.
digerir, 3, 76.
digestión, 2, 26.
digno, 3, 23, 35.
dinero, 1, 23.
Dios, 1, 26.

dirección, 2, 26.
directo, 3, 23, 35.
director, 1, 6, 26.
dirigir(se), 3, 69, 107.
disciplina, 3, 32.
disciplinas, 3, 32.
disco, 1, 23.
discurso, 3, 23.
discusión, 3, 26.
discutir, 3, 69.
disfrazar, 3, 67, 109.
disgustar, 2, 67.
disgusto, 2, 23.
disimular, 3, 67.
disminuir, 3, 81.
disolver, 3, 73.
disuelto, 3, 111.
disparar, 2, 67.
disponer, 3, 93.
dispuesto, 3, 111.
distancia, 2, 23.
distinguir, 3, 69, 108.
distinto, 2, 23, 35.
distracción, 3, 26.
distraer(se), 2, 100.
distraído, 3, 23, 35.
disuelto, 3, 111.
diversos, 3, 66.
divertido, 2, 23, 35.
divertirse, 1, 76.
dividir, 2, 69.
divorciarse, 3, 67.
divorcio, 3, 23.
doblar, 2, 67.
doble, 1, 63.
doce, 1, 60.
doceavo, 2, 61.
docena, 1, 23, 65.
doctor, 2, 26.
doler, 1, 73.
dolor, 1, 26.
domar, 3, 67.
domicilio, 2, 23.
dominar, 3, 67.
domingo, 1, 23.
don, 1, 12.

donde, 1, 114.
dónde, 1, 114.
doña, 1, 12.
dorado, 3, 23, 35.
dormir, 1, 75.
dormitorio, 1, 23.
dos, 1, 60.
doscientos, 1, 60.
droguería, 2, 23.
ducha, 1, 23.
duda, 2, 23.
duda (sin —), 3, 121.
dudar, 2, 67.
dudoso, 3, 23, 35.
dueño, 1, 5, 23.
dulce, 1, 23, 36.
dulce (sust.), 2, 23.
duodécimo, 3, 61.
duque, -esa, 3, 10, 23.
duradero, 3, 23, 35.
duración, 3, 26.
durante, 2, 122.
durar, 2, 67.
dureza, 3, 32.
durezas, 3, 32.
duro, 1, 23, 35.
duro (sust.), 1, 23.

E

¡ea!, 2, 125.
ebanista, 3, 15, 23.
eco, 3, 23.
económico, 3, 23, 35.
echar, 1, 67.
echar a, 2, 112.
echar a perder, 2, 126.
echar de menos, 2, 126.
edad, 1, 23.
edificar, 3, 67, 105.
edificio, 2, 23.
educación, 3, 30.
educado, 2, 23, 35.
educar, 2, 67.
efecto, 3, 23.

eficaz, 3, 28.
egoísmo, 3, 23.
egoísta, 3, 13, 23.
¡eh!, 2, 125.
eje, 3, 23.
ejecutar, 3, 67.
ejemplo (por —), 1, 126.
ejercer, 3, 68, 104.
ejercicio, 2, 23.
ejército, 3, 23.
el, 1, 53.
él, 1, 51.
elástico, 3, 23, 35.
electricidad, 2, 26.
electricista, 2, 15, 23.
eléctrico, 2, 23, 35.
elefante, 3, 18, 23.
elegancia, 3, 23.
elegante, 2, 23, 36.
elegir, 2, 74.
elemental, 2, 26, 39.
eliminar, 3, 67.
ella, 1, 51.
ellas, 1, 51.
ello, 1, 51.
ellos, 1, 51.
embajada, 2, 23.
embajador, 2, 6, 23.
embalaje, 3, 23.
embarcar, 3, 67, 105.
embotellamiento, 2, 23.
embudo, 2, 23.
embustero, 2, 23, 35.
embutido, 2, 23.
emigrar, 3, 67.
emisora, 2, 23.
emoción, 2, 26.
emocionar(se), 3, 67.
empeñar, 3, 67.
empeñarse, 3, 67.
emperador, -triz, 3, 7, 26, 28.
empezar, 1, 70, 109.
empleado, 2, 5, 23.
emplear, 3, 67.
empleo, 2, 23.

empotrado (armario —), 3, 23.
empresa, 3, 23.
empujar, 1, 67.
empujón, 3, 26.
en, 1, 122.
en absoluto, 2, 119.
en adelante, 3, 121.
enamorado, 2, 23, 35.
cnano, 3, 5.
en breve, 3, 121.
encaje, 3, 23.
encantado, 2, 23, 35.
encantador, 3, 26, 41.
encanto, 3, 23.
encargar, 3, 67, 106.
encargo, 3, 23.
en caso de, 3, 123.
encendedor, 2, 26.
encender, 1, 71.
encerar, 3, 67.
encerrar, 2, 70.
encima, 1, 114.
encima de, 1, 123.
encogerse (de hombros), 3, (68, 107), 126.
encontrar(se), 1, 72.
encuadernar, 3, 67.
en cuanto a, 3, 123.
en cueros, 2, 126.
enchufar, 3, 67.
enchufe, 3, 23.
endereza, 3, 67, 109.
endulzar, 2, 67, 109.
endurecer, 3, 77.
en efecto, 2, 121.
enemigo, 3, 5, 23.
energía, 3, 23.
enérgico, 2, 23, 35.
enero, 1, 30.
enfadado, 2, 23, 35.
enfadar(se), 2, 67.
enfermedad, 2, 26.
enfermero, -a, 3, 5, 23.
enfermizo, 3, 23, 35.
enfermo, 1, 23, 35.

en fin, 1, 117.
enfrente, 1, 114.
enfrente de, 1, 123.
enfriamiento, 3, 23.
enfriar(se), 2, 67, 110.
engañar, 1, 67.
en general, 2, 121.
engordar, 2, 67.
engrasar, 3, 67.
enhorabuena, 2, 126.
enjuagar, 2, 67, 106.
enloquecer, 3, 77.
en lo sucesivo, 3, 121.
en medio, 1, 121.
en medio de, 1, 124.
enorme, 2, 23, 36.
en parte, 3, 121.
en principio, 3, 121.
enredar, 3, 67.
enriquecer, 3, 77.
ensalada, 2, 23.
ensanchar, 2, 67.
ensayar, 3, 67.
ensayo, 3, 23.
en seguida, 1, 113.
enseñanza, 2, 23.
enseñar, 1, 67.
ensuciar, 2, 67.
en suma, 3, 121.
entender, 1, 71.
entendido, 3, 118.
entero, 1, 23, 35.
enterrar, 2, 70.
entierro, 2, 23.
entonces, 1, 113, 124.
entrada, 2, 23.
entrar, 1, 67.
entre- (prefijo), 3, 4.
entre, 1, 122.
entregar, 2, 67, 106.
entremés, 2, 32.
entremeses, 2, 32.
entrenamiento, 3, 23.
entrenar, 3, 67.
entretener, 3, 99.
entrevista, 3, 23.

excitar, 3, 67.
exclamación, 3, 26.
exclamar, 3, 67.
excursión, 2, 26.
excusa, 3, 23.
exigente, 3, 23, 36.
exigir, 2, 69, 107.
exiliado, 3, 5, 23, 35.
existencia, as, 3, 32.
existir, 2, 69.
éxito, 2, 23.
experiencia, 3, 23.
experto, 3, 25, 35.
explicación, 2, 26.
explicar, 1, 67, 105.
explosión, 3, 26.
explotar, 3, 67.
exponer (expuesto), 3,
  93.
exportar, 3, 67.
exposición, 3, 26.
expresar(se), 3, 67.
expresión, 3, 26.
expresivo, 3, 23, 35.
expreso, 2, 23.
expulsar, 3, 67.
extender, 3, 71.
extenso, 3, 23, 35.
exterior, 3, 26, 43.
externo, 3, 23, 35.
extra- (prefijo), 3, 4.
extraer, 3, 100.
extranjero, 1, 5, 23, 25.
extraño, 2, 23, 35.
extraordinario, 2, 23,
  35.
extremidad, 3, 26.
extremo, 2, 23.

F

fábrica, 2, 23.
fabricante, 3, 13, 23.
fabricar, 2, 67, 105.
fácil, 1, 26, 39.

facilidad, 3, 26.
factura, 3, 23.
fachada, 2, 23.
faena, 3, 23.
faja, 2, 23.
falda, 1, 23.
falso, 2, 23, 35.
falta, 1, 23.
faltar, 1, 67.
fallar, 3, 67.
fama, 3, 30.
familia, 1, 23.
familiar, 3, 36, 39.
famoso, 2, 23, 35.
farmacéutico, 2, 5, 23.
farmacia, 1, 23.
faro, 3, 23.
farol, 3, 26.
fatal, 3, 26, 39.
fatiga, 3, 23.
fatigar(se), 3, 67, 106.
favor, 1, 26.
favor (por —), 1, 126.
fe, 3, 30.
fealdad, 3, 23.
febrero, 1, 30.
fecha, 1, 23.
felicidad, 3, 26.
¡felicidades!, 2, 125.
felicitar, 2, 67.
feliz, 1, 28, 39.
femenino, 2, 23, 35.
feo, 1, 23, 35.
feria, 2, 23.
ferretería, 2, 23.
ferrocarril, 3, 26.
ferroviario, 3, 5, 23, 35.
fiar, 3, 67, 110.
ficha, 2, 23.
fideo(s), 2, 23.
fiebre, 2, 23.
fiel, 3, 26, 39.
fiesta, 2, 23.
figurar(se), 3, 67.
fijar(se), 2, 67.
fijo, 3, 23, 35.

fila, 3, 23.
filete, 2, 23.
filo, 2, 23.
filtrar, 3, 67.
fin, 1, 26.
fin (a — de), 3, 124.
fin (en —), 1, 117.
fin (con el — de), 3,
  124.
final, 3, 26.
final (al —), 2, 117.
finalmente, 3, 117.
fino, 3, 23, 35.
firma, 2, 23.
firmar, 2, 67.
firme, 3, 23, 36.
flaco, 3, 23, 35.
flamenco, 2, 23, (35).
flan, 2, 26.
flecha, 3, 23.
flexible, 3, 23, 36.
flojo, 2, 23, 35.
flor, 1, 26.
florecer, 3, 77.
florero, 3, 23.
flotar, 3, 67.
folio, 3, 23.
folleto, 3, 23.
fonda, 3, 23.
fondo, 2, 23.
fontanero, 2, 15, 23.
forma, 2, 23.
formar, 2, 67.
formidable, 3, 23, 36.
forrar, 3, 67.
forro, 2, 23.
fortuna, 3, 23.
foto(grafía), 1, 23.
fotografiar, 3, 67, 110.
fracasar, 3, 67.
fracaso, 3, 23.
fraile, 2, 14, 23.
frágil, 3, 26, 39.
francamente, 2, 116.
francés, 2, 6, 26, 40.
franco (adj.), 3, 23, 35.

frasco, 3, 23.
frase, 2, 23.
frecuente, 2, 23, 36.
frecuentemente, 3, 113.
fregadero, 2, 23.
fregar, 1, 70, 106.
freír, 1, 74.
frenar, 2, 67.
freno, 2, 23.
frente, 1, 23.
frente a, 3, 123.
fresa, 3, 23.
fresco, 2, 23, 35.
frigorífico, 2, 23.
frío, 1, 23.
frío, 1, 23, 35.
friolero, 3, 23, 35.
frito, 1, (23, 35), 111.
frontera, 2, 23.
frotar, 3, 67.
fruta, 1, 34.
fuego, 1, 23.
fuente, 2, 23.
fuera, 1, 114.
fuera de, 1, 123.
fuerte (adj.), 1, 23, 36.
fuerte (adv.), 1, 116.
fuerza, 2, 23.
fumar, 1, 67.
función, 3, 26.
funcionar, 2, 67.
funcionario, 3, 5, 23.
fundamental, 3, 26, 39.
fundar, 3, 67.
fundición, 3, 26.
fundir, 3, 69.
funeral, 3, 34.
furioso, 2, 23, 35.
fusilar, 3, 67.
fútbol, 2, 30.
futuro, 2, 23, 35.

G

gabardina, 2, 23.
gafas, 1, 31.

galleta, 1, 23.
gallina, 1, 20, 23.
gallo, 2, 20, 23.
gamberro, 2, 23, 35.
gana(s), 1, 34.
ganadería, 3, 23.
ganado, 3, 23.
ganancia, 3, 23.
ganar, 1, 67.
gancho, 3, 23.
garaje, 2, 23.
garantía, 3, 23.
garantizar, 3, 67, 109.
garbanzo, 2, 23.
garganta, 1, 23.
garrafa, 3, 23.
garrote, 3, 23.
gas, 2, 26.
«gas oil», 3, 30.
gaseosa, 2, 23.
gasolina, 1, 30.
gastar, 1, 67.
gastarse, 2, 67.
gasto, 2, 23.
gato, 1, 17, 23.
gazpacho, 3, 23.
gemelo, 3, 5, 23.
general (adj.), 2, 26, 39.
general (sust.), 3, 15, 26.
general (en —), 2, 121.
generalmente, 2, 116.
género, 3, 23.
generoso, 3, 23, 35.
genio, 3, 23.
gente, 1, 23.
gigante, 3, 23, 37.
gigantesco, 3, 23, 35.
gimnasia, 3, 30.
girar, 3, 67.
giro (postal), 2, 23.
gitano, 2, 5, 23, 35.
globo, 3, 23.
gloria, 3, 23.
glotón, 3, 26, 42.
gobernador, 3, 6.
gobernar, 3, 70.

gobierno, 3, 23.
golfo, 3, 23.
golondrina, 3, 21, 23.
golpe, 2, 23.
golpear, 3, 67.
goma, 2, 23.
gordo, 1, 23, 35.
gorra, 3, 23.
gorro, 3, 23.
gota, 2, 23.
gozar, 3, 67, 109.
gracia, 2, 32.
gracias, 1, 32.
gracioso, 2, 23, 35.
grado, 2, 23.
gramática, 2, 23.
gramo, 1, 45.
gran, 1, 45.
grande, 1, 23, 36.
granero, 3, 23.
granizo, 3, 23.
grano, 2, 23.
grasa, 2, 23.
grasiento, 3, 23, 35.
gratificación, 3, 26.
gratis, 2, 116.
gratuito, 2, 23, 35.
grave, 2, 23, 36.
gravedad, 3, 30.
grieta, 3, 23.
grifo, 1, 23.
gripe, 2, 30.
gris, 1, 26, 39.
gritar, 1, 67.
grito, 2, 23.
grosero, 2, 23, 35.
grosor, 3, 30.
grúa, 3, 23.
grueso, 2, 23, 35.
grupo, 2, 23.
guante, 2, 23.
guapo, 1, 23, 35.
guardar, 2, 67.
guardia, 1, 23.
guardia civil, 2, 23, (26).
guerra, 2, 23.

guía, 3, 23.
guiar, 3, 67, 110.
guisante, 3, 23.
guisar, 1, 67.
guitarra, 2, 23.
gusano, 3, 21, 23.
gustar, 1, 67.
gusto, 2, 23.

H

haber, 1, 87.
haber de, 3, 112.
haber que, 1, 112.
hábil, 3, 26, 39.
habitación, 1, 26.
habitante, 2, 13, 23.
hablador, 3, 26, 41.
hablar, 1, 67.
hacer, 1, 88.
hacer falta, 1, 126.
hacer punto, 2, 126.
hacia, 1, 122.
hacienda, 3, 30.
hacha, 3, 23.
hada, 3, 23.
hambre, 1, 23, (30).
harina, 2, 23, (30).
harto, 2, 23, 35.
hasta, 1, 122.
hay, 1, 87.
hebra, 3, 23.
hecho (p. p.), 1, 88, 111.
hecho (sust.), 3, 23.
helada, 3, 23.
helado, 1, 23.
helar, 3, 70.
helicóptero, 2, 23.
hembra, 2, 14, 23.
heredar, 3, 67.
heredero, 3, 5, 23.
herida, 2, 23.
herido, 2, 23, 35.
herir, 1, 76.
hermano, 1, 5, 23.

hermoso, 2, 23, 35.
hermosura, 3, 30.
héroe, 3, 7, 23.
heroína, 7, 23.
herramienta, 2, 23.
hervir, 2, 76.
hielo, 1, 23.
hierba, 2, 23.
hierro, 1, 23.
hígado, 2, 23.
higo, 2, 23.
hijo, 1, 5, 23.
hilo, 1, 23.
hincar, 3, 67, 105.
hinchar, 3, 67.
hipo, 2, 30.
hipócrita, 3, 23, 38.
historia, 3, 23.
hocico, 3, 23.
hogar, 3, 26.
hoja, 2, 23.
hola, 1, 125.
hombre, 1, 14, 23.
¡hombre!, 2, 125.
hombro, 1, 23.
hondo (adj.), 1, 23, 35.
hondo (adv.), 2, 116.
honor, 3, 26.
honrado, 2, 23, 35.
hora, 1, 23.
hormiga, 3, 21, 23.
hornillo, 3, 23.
horno, 2, 23.
horquilla, 3, 23.
horrible, 2, 23, 36.
horror, 3, 26.
hospital, 1, 26.
hotel, 1, 26.
hoy, 1, 113.
hoyo, 3, 23.
hucha, 3, 23.
hueco, 2, 23.
huelga, 2, 23.
huella, 3, 23.
huérfano, 3, 23.
huerta, 3, 23.

huerto, 2, 23.
hueso, 1, 23.
huevo, 1, 23.
huir, 3, 81.
hule, 3, 23.
hulla, 3, 30.
humano, 3, 23, 35.
humedad, 2, 26.
húmedo, 2, 23, 35.
humo, 1, 23.
humor, 2, 26.
hundir(se), 3, 69.
¡huy!, 2, 125.

I

idea, 2, 23.
ideal (adj.), 3, 26, 39.
idioma, 2, 23.
idiota, 2, 13, 23, 38.
iglesia, 1, 23.
ignorante, 3, 23, 36.
igual, 1, 26, 39.
igualmente, 2, 116.
iluminar, 3, 67.
ilusión, 3, 26.
imagen, 3, 26.
imaginación, 2, 26.
imaginar(se), 2, 67.
imbécil, 2, 26, 39.
imitar, 2, 67.
impedir, 3, 74.
imperdible, 3, 23.
impermeable (sust.), 2, 23.
importancia, 2, 30.
importante, 1, 23, 36.
importar, 2, 67.
importar ($\neq$ exportar), 3, 67.
imposible, 2, 23, 36.
imprenta, 2, 23.
impresión, 3, 26.
impresionar, 3, 67.
impreso, 3, 111.

impresor, 3, 6, 23.
imprevisto, 3, 23.
imprimir, 2, 69.
improvisar, 3, 67.
improviso (de —), 3, 121.
imprudencia, 3, 23.
imprudente, 2, 23, 36.
impuesto, 3, 23.
in-, 3, 4.
incapaz, 3, 28, 39.
incendio, 2, 23.
inclinar, 3, 67.
incluso, 2, 122.
inconveniente, 3, 23.
increíble, 3, 23, 36.
independiente, 3, 23, 36.
indicar, 3, 67, 105.
indiferente, 3, 23, 36.
indignación, 3, 26.
indignar(se), 3, 67.
indiscreto, 3, 23, 35.
indispensable, 2, 23, 36.
individuo, 3, 5, 23.
industria, 2, 23.
industrial, 3, 15, 26.
infancia, 3, 30.
infantería, 3, 30.
infantil, 3, 26.
infección, 3, 26.
inferior, 2, 26, 43, 46.
infierno, 3, 34.
inflamar(se), 3, 67.
inflar, 3, 67.
influencia, 3, 23.
información, 3, 67.
ingeniero, 2, 15, 23.
ingenio, 3, 23.
ingenioso, 3, 23, 35.
ingenuo, 3, 23, 35.
inglés, 2, 6, 26, 40.
ingratitud, 3, 26.
ingrato, 3, 23, 35.
ingreso, 3, 32.
ingresos, 3, 32.

injusticia, 2, 23.
injusto, 3, 23.
inmediatamente, 2, 113.
inmediato, 3, 23, 35.
inmenso, 3, 23, 35.
inmoral, 3, 26, 39.
inocente, 3, 23, 36.
inofensivo, 3, 23, 35.
inquietar(se), 3, 67.
inquieto, 3, 23, 35.
inquilino, 3, 5, 23.
insecticida, 3, 23.
insecto, 3, 21, 23.
insinuar, 3, 67, 110.
insistir, 3, 69.
inspector, 3, 6, 26.
instalar, 2, 67.
instante, 2, 23.
instinto, 3, 23.
instituto, 2, 23.
instrucción, 3, 26.
instruir, 3, 81.
instrumento, 3, 23.
insultar, 3, 67.
inteligencia, 3, 23.
inteligente, 2, 23, 36.
intención, 3, 26.
intenso, 3, 23, 35.
intentar, 2, 67.
intento, 3, 23.
interés, 2, 26.
interesante, 2, 23, 36.
interesar, 3, 67.
interior, 3, 26, 43.
interno, 3, 23, 35.
intérprete, 3, 13, 23.
interrumpir, 3, 69.
intervenir, 3, 102.
intestino, 2, 34.
íntimo, 3, 23, 35.
inundación, 3, 26.
inundar, 3, 67.
inútil, 2, 26, 39.
inventar, 2, 67.
invento, 2, 23.

inventor, 3, 6, 26.
investigar, 3, 67, 106.
invierno, 1, 23.
invitación, 3, 26.
invitar, 2, 67.
inyección, 2, 26.
ir, 1, 89, 112.
ir a, 1, 112.
irritar(se), 3, 67.
isla, 2, 23.
izquierda, 1, 114.
izquierdo, 1, 23, 35.

J

jabón, 1, 26.
jaleo, 2, 23.
jamón, 1, 26.
jaqueca, 3, 23.
jarabe, 3, 23.
jardín, 1, 26.
jardinero, 2, 5, 23.
jarra, 2, 23.
jarro, 2, 23.
jarrón, 3, 26.
jaula, 3, 23.
jefe, 2, 11, 13, 23.
jersey, 2, 23.
jornal, 3, 26.
joroba, 3, 23.
joven, 1, 26, 39.
joya, 2, 23.
joyería, 3, 23.
jubilación, 3, 26.
judía(s), 2, 23.
judío, 3, 5, 23.
juego, 1, 23.
jueves, 1, 33.
juez, 2, 15, 28.
jugador, 3, 6, 26.
jugar, 1, 72, 106.
jugo, 3, 23.
juguete, 1, 23.
juicio, 3, 23.

julio, 1, 30.
junio, 1, 30.
juntar, 2, 67.
junto a, 3, 123.
junto(s) (adj.), 2, 23, 35.
jurar, 3, 67.
justamente, 3, 118.
justicia, 3, 30.
justificar, 3, 67, 105.
justo, 3, 23, 35.
juventud, 3, 26.
juzgar, 3, 67, 106.

K

kilo, 1, 23.
kilómetro, 1, 23.
kiosco, 2, 23.

L

la, 1, 53.
la, 1, 51.
labio, 1, 23.
labrar, 3, 67.
lado, 1, 23.
ladrar, 2, 67.
ladrillo, 1, 23.
ladrón, 3, 6, 26.
lagartija, 3, 21.
lago, 3, 23.
lágrima, 3, 23.
lamer, 3, 68.
lámpara, 1, 23.
lana, 1, 23.
lanzar(se), 3, 67, 109.
lápiz, 1, 28.
largo, 1, 23, 35.
las, 1, 53.
las, 1, 51.
lástima, 1, 23.
lata, 2, 23.
látigo, 3, 23.

latir, 3, 69.
lavabo, 1, 23.
lavadero, 3, 23.
lavadora, 2, 23.
lavandería, 3, 23.
lavar, 1, 67.
lazo, 3, 23.
le, 1, 50, 51.
lección, 1, 26.
lector, 3, 6, 26.
lectura, 3, 23.
leche, 1, (23), 30.
lechero, 2, 5, 23.
lechuga, 2, 23.
leer, 1, 80.
legal, 3, 26, 39.
legítimo, 3, 23, 35.
legumbre, 3, 23.
lejano, 3, 23, 35.
lejía, 3, 23.
lejos, 1, 114.
lengua, 1, 23.
lenguaje, 3, 23.
lente, 3, 32.
lentes, 3, 32.
lenteja, 32.
lentejas, 2, 32.
lentitud, 3, (26), 30.
lento, 2, 23.
leña, 2, 30.
león, 3, 19, 26, 40.
les, 1, 50, 51.
letra, 1, 23.
levantar(se), 1, 67.
ley, 3, 34.
liar, 3, 67, 110.
libertad, 2, 2, 26.
librar(se), 3, 67.
libre, 3, 23, 36.
librería, 2, 23.
librero, 3, 5, 23.
libreta, 3, 23.
libro, 1, 23.
licenciado, 3, 5, 23.
licenciar, 3, 67.
liebre, 3, 21, 23.

ligar, 2, 67, 106.
ligero, 2, 23, 35.
ligero (adv.), 3, 116.
limitar(se), 3, 67.
límite, 3, 23.
limón, 1, 26.
limpiar, 1, 67.
limpieza, 3, 30.
limpio, 1, 23, 35.
línea, 2, 23.
lío, 3, 23.
liquidar, 3, 67.
líquido, 2, 23.
liso, 3, 23, 35.
lista, 2, 23.
listo, 1, 23, 35.
litro, 1, 23.
lo, 1, 50, 51.
lo, 1, 53.
lobo, 3, 17, 23.
local (sust.), 3, 26.
loco, 2, 23, 35.
locomotora, 3, 23.
locura, 3, 23.
lógico, 3, 23.
lograr, 3, 67.
lomo, 3, 23.
loncha, 3, 23.
longitud, 3, 26.
los, 1, 50, 51.
los, 1, 53.
loseta, 3, 23.
lotería, 2, 23.
loza, 3, 23.
lucha, 3, 23.
luchar, 3, 67.
luego, 1, 113.
luego, 1, 124.
lugar, 3, 26.
lujo, 2, 23.
lujoso, 3, 23, 35.
luminoso, 3, 23, 35.
luna, 1, 30.
lunes, 1, 33.
luto, 3, 23.
luz, 1, 28.

LL

llaga, 3, 23.
llama, 2, 23.
llamada, 3, 23.
llamar, 1, 67.
llamarse, 1, 67.
llano, 2, 23, 35.
llanto, 3, 23.
llanura, 3, 23.
llave, 1, 23.
llegada, 3, 23.
llegar, 1, 67, 106.
llegar a, 3, 112.
llenar, 1, 67.
lleno, 1, 23, 35.
llevar, 1, 67.
llorar, 1, 67.
llover, 1, 73.
lluvia, 2, 23.
lluvioso, 3, 23, 35.

M

macarrones, 3, 31.
maceta, 2, 23.
macizo, 3, 23, 35.
machacar, 3, 67, 105.
macho, 2, 14, 23.
macho (cabrío), 3, 14, 23.
madeja, 2, 23.
madera, 1, 23.
madre, 1, 14, 23.
madrina, 2, 14, 23.
madrugar, 2, 67, 106.
madurar, 3, 67.
maduro, 2, 23, 35.
maestro, 1, 5, 23.
magistrado, 3, 15, 23.
magnífico, 3, 23, 35.
maíz, 3, 30.
mal, 1, 116.
mal, 1, 45.
maldad, 3, 26.

maldecir, 3, 85.
malestar, 3, 26.
maleta, 1, 23.
malo, 1, 23, 35, 45.
maltratar, 3, 67.
malva, 3, 23, 38.
mallorquín, 3, 26, 40.
mamá, 1, 14, 24.
mamar, 3, 67.
mancha, 2, 23.
manchar, 2, 67.
mandado, 3, 23.
mandar, 1, 67.
mandíbula, 3, 23.
manejable, 3, 23, 36.
manejar, 3, 67.
manera, 1, 23.
manera (de tal — que), 3, 124.
manga, 1, 23.
mango, 3, 23.
manía, 3, 23.
manifestación, 3, 26.
maniobra, 3, 23.
maniquí, 3, 27.
mano, 1, 23.
mano (a —), 3, 126.
manojo, 3, 23.
manta, 2, 23.
manteca, 2, 30.
mantecado, 3, 23.
mantel, 1, 26.
mantener, 3, 99.
mantequilla, 1, 30.
manzana, 1, 23.
manzana (de casas), 2, 23.
manzano, 3, 23.
mañana, 1, 113.
mañana, 1, 23.
mapa, 2, 23.
maquillar, 3, 67.
máquina, 1, 23.
mar, 1, 26.
maravilla, 3, 23.
maravilloso, 3, 23, 35.

marca, 2, 23.
marcar, 3, 67, 105.
marco, 3, 23.
marcha, 3, 23.
marcharse, 2, 67.
marea, 3, 23.
marido, 1, 14, 23.
marina, 3, 30.
marinero, 3, 15, 23.
marino, 3, 15, 23.
mariposa, 3, 21, 23.
marisco(s), 2, 23.
mármol, 2, 26.
marqués, 3, 6, 26.
marrón, 1, 26, 39.
martes, 1, 33.
martillo, 1, 23.
mártir, 3, 26, 39.
marxista, 3, 13, 23.
marzo, 1, 30.
más, 1, 115.
más allá, 3, 114.
más bien, 2, 124.
masa, 3, 23.
máscara, 3, 23.
masculino, 3, 23, 35.
masticar, 2, 67, 105.
matar, 1, 67.
materia, 2, 23.
material, 2, 26, 39.
material(es), 2, 26, 34.
matorral, 3, 26.
matrícula, 3, 23.
matrimonio, 2, 23.
matrona, 3, 16, 23.
máximo, 3, 23, 35, 47.
mayo, 1, 30.
mayor, 1, 26, 43, 46, 47.
mayoría, 2, 23.
mayúscula, 2, 23.
me, 1, 48.
-me, 1, 48.
mecánico, 3, 15, 23.
mecanógrafo, -a, 3, 5, 23.
mecer, 3, 68, 104.

mechón, 3, 26.
medalla, 3, 23.
media(s), 1, 23.
mediano, 3, 23, 35.
media noche (a —), 2, 121.
mediante, 2, 122.
medicina, 1, 23.
médico, 1, 5, 23.
medida, 2, 23.
medida (a — que), 3, 124.
medio, 3, 23.
medio, 1, 62.
medio (en —), 1, 121.
medio (por — de), 3, 123.
mediocre, 3, 23, 36.
mediodía (al —), 2, 121.
medir, 2, 74.
meditar, 3, 67.
mejilla, 3, 23.
mejor, 1, 26, 43, 46, 47.
mejorar, 3, 67.
mejoría, 3, 23.
melancólico, 3, 23, 35.
melocotón, 2, 26.
melón, 2, 26.
mellizo, 3, 5, 23.
memoria, 2, 32.
mendigar, 3, 67, 106.
mendigo, 3, 5, 23.
menor, 1, 26, 43, 46, 47.
menos, 1, 115.
menos (al —), 2, 121.
menos (por lo —), 2, 121.
mensual, 3, 26, 39.
mentalidad, 3, 26.
mentir, 2, 76.
mentira, 1, 23.
mentiroso, 2, 23, 35.
«menú», 3, 24.
menudo, 3, 23, 35.
menudo (a —), 2, 121.
mercado, 1, 23.

mercancía, 3, 23.
merecer, 3, 77.
merendar, 1, 70.
merienda, 1, 23.
mérito, 3, 23.
merluza, 2, 21, 23.
mermelada, 2, 23.
mes, 1, 26.
mesa, 1, 23.
metal, 2, 26.
metálico, 2, 23, 35.
meter, 1, 68.
método, 2, 23.
metro (2 aceps.), 1, 23.
mezcla, 3, 23.
mezclar, 2, 67.
mi, mis, 1, 55.
mí, 1, 48.
mía, -s, 1, 55.
microbio, 3, 23.
micro(-'fono), 2, 23.
miedo, 2, 23.
miedoso, 3, 23, 35.
miel, 2, 26.
mientras, 1, 113, 124.
mientras que, 2, 124.
mientras tanto, 2, 113, 121.
miércoles, 1, 33.
miga, 3, 23.
migaja, 3, 23.
mil, 1, 60.
milagro, 3, 23.
milímetro, 3, 23.
militar, 3, 15, 26.
millar, 2, 26, 65.
millón, 1, 60.
mimar, 3, 67.
mina, 3, 23.
mineral, 2, 26.
minero, 3, 15, 23.
mínimo, 2, 23, 35, 47.
ministerio, 3, 23.
ministro, 2, 23.
minoría, 3, 23.
minuto, 1, 23.

mío, 1, 55.
miope, 3, 23, 36.
mirada, 2, 23.
mirar, 1, 67.
misa, 2, 23.
miserable, 3, 23, 36.
miseria, 3, 23.
mismo, 1, 23, 52.
mismo, 1, 66.
misterio, 3, 23.
misterioso, 3, 23, 35.
mitad, 1, 26, 62.
mixto, 3, 23.
mobiliario, 3, 23.
moda, 2, 23.
modelo, 2, 23.
moderno, 2, 23, 35.
modesto, 3, 23, 35.
modista, 2, 13, 23.
modo, 1, 23.
modo (de ningún —), 3, 121.
modo (del mismo —), 3, 121.
mojar, 3, 67.
molde, 3, 23.
moler, 3, 73.
molestar, 2, 67.
molesto, 3, 23, 35.
molinillo, 3, 23.
molino, 3, 23.
momento, 1, 23.
monárquico, 3, 23, 35.
moneda, 3, 23.
monedero, 2, 23.
monja, 2, 14, 23.
mono, 3, 17, 23.
mono, 2, 23, 35.
monótono, 3, 23, 35.
montaña, 2, 23.
montar, 3, 67.
montón, 1, 26.
monumento, 3, 23.
morado, 3, 23, 35.
moral, 3, 26, 39.
moraleja, 3, 23.

morder, 2, 73.
moreno, 1, 23, 35.
morir, 1, 75.
mortal, 3, 26, 39.
mosca, 1, 21, 23.
mosquito, 2, 21, 23.
motivo, 2, 23.
moto(cicleta), 1, 23.
motor, 2, 26.
mover(se), 1, 73.
movimiento, 2, 23.
mozo (de cuerda), 3, 15, 23.
muchacho, 1, 5, 23.
muchedumbre, 3, 23.
muchísimo, 2, 115.
mucho, 2, 115.
mudar(se), 2, 67.
mudo, 3, 23.
mueble, 1, 23.
muela, 1, 23.
muelle, 3, 23.
muerte, 2, 23.
muerto, 1, 5, 23, 111.
mujer, 1, 14, 26.
muleta, 3, 23.
multa, 3, 23.
multiplicar, 3, 67, 105.
mundial, 3, 26, 39.
mundo, 1, 23.
municipal, 3, 26, 39.
muñeca, 2, 23.
muñeco, 1, 23.
murmurar, 3, 67.
músculo, 3, 23.
museo, 3, 23.
música, 2, 23.
muslo, 2, 23.
mutilado, 3, 23.
muy, 1, 115.

N

nacer, 1, 77.
nacimiento, 3, 23.
nación, 2, 26.

nacional, 3, 26, 39.
nada, 1, 66, 115.
nadar, 2, 67.
nadie, 1, 66.
naranja, 2, 23.
naranjo, 3, 23.
nariz, 1, 28.
nata, 2, 23.
natillas, 3, 31.
natural, 2, 26, 39.
naturaleza, 3, 30.
naturalmente, 1, 118.
naufragio, 3, 23.
navaja, 3, 23.
navegación, 3, 26.
navegar, 3, 67, 106.
navidad, 1, 34.
nazi, 3, 23, 44.
necesario, 1, 23, 35.
necesario (ser —), 1, 126.
necesidad, 2, 26.
necesitar, 1, 67.
negación, 3, 26.
negar, 2, 70, 106.
negociar, 3, 67.
negocio, 2, 23.
negro, 1, 23, 35.
nene, 3, 11, 23.
nervio, 3, 23.
nervioso, 2, 23, 35.
neto, 3, 23, 35.
neumático, 3, 23.
neutro, 3, 23, 35.
nevar, 2, 70.
nevera, 1, 23.
ni, 1, 124.
nicho, 3, 23.
nido, 3, 23.
niebla, 2, 23.
nieto, 1, 5, 23.
nieve, 2, 23.
ningún, -o, 1, 23, 45, 66.
niñez, 3, 30.
niño, 1, 5, 23.

níquel, 3, 30.
ni siquiera, 2, 124.
nivel, 3, 26.
no, 1, 119.
noble, 3, 23, 36.
nobleza, 3, 30.
noción, 3, 26.
noche, 1, 23.
nochebuena, 2, 30.
nogal, 3, 26.
nombrar, 3, 67.
nombre, 1, 23.
no obstante, 3, 124.
normal, 2, 26, 39.
norte, 1, 30.
nos, 1, 48.
nosotras, 1, 48.
nosotros, 1, 48.
nota, 2, 23.
notable, 2, 23, 36.
notar, 2, 67.
notario, 3, 15, 23.
noticia, 2, 23.
novedad, 3, 26.
novecientos, 1, 60.
novela, 2, 23.
noveno, 1, 61.
noventa, 1, 60.
noviembre, 1, 30.
novillo, 3, 17, 23.
novio, 2, 5, 23.
nube, 1, 23.
nublado, 2, 23.
nuca, 3, 23.
nudo, 2, 23.
nuera, 2, 14, 23.
nuestro, -a, 1, 56.
nueve, 1, 60.
nuevo, 1, 23, 35.
nuez, 3, 28.
nulo, 3, 23, 35.
número, 1, 23.
numeroso, 2, 23, 35.
nunca, 1, 113.
nylon (pronunciado náilon), 3, 30.

O

o, 1, 124.
obedecer, 1, 77.
obediencia, 3, 30.
obispo, 2, 15, 23.
objeto, 3, 23.
obligación, 2, 26.
obligar, 3, 67, 106.
obligatorio, 2, 23, 35.
obra, 1, 23.
obrar, 3, 67.
obrero, 1, 5, 23.
observar, 3, 67.
obtener, 3, 99.
ocasión, 2, 26.
océano, 3, 23.
octavo, 1, 61.
octubre, 1, 30.
oculista, 3, 13, 23.
ocupación, 3, 26.
ocupado, 2, 23, 35.
ocupar, 2, 67.
ochenta, 1, 60.
ocho, 1, 60.
ofender, 2, 68.
oficial, 3, 26, 39.
oficial (milit.), 3, 15, 26.
oficial (obrero), 3, 6, 26.
oficina, 1, 23.
oficio, 1, 23.
ofrecer, 3, 77.
¡oh!, 1, 125.
oído, 1, 23.
oír, 1, 90.
¡ojalá!, 1, 125.
ojo, 1, 23.
ola, 2, 23.
¡olé!, 2, 125.
oler, 1, 91.
olfato, 2, 30.
oliva (aceite de —), 2, 30.
olivo, 2, 23.
olor, 1, 26.
olvidar, 1, 67.

olvido, 3, 23.
olla, 1, 23.
once, 1, 60.
onceavo, 2, 61, 62.
onda, 3, 23.
onza, 3, 23.
opaco, 3, 23, 35.
ópera, 3, 23.
operación, 2, 26.
operar, 2, 67.
opinión, 3, 26.
oponer, 3, 93.
oposición, 3, 34.
oposiciones, 3, 34.
óptimo, 3, 47.
opuesto, 3, 23, 35.
oración, 2, 26.
orden (m. y f.), 2, 26.
ordenado, 3, 23, 26.
ordenanza, 3, 15, 23.
ordenar, 2, 67.
ordeñar, 3, 67.
ordinario, 2, 23, 35.
oreja, 1, 23.
organizar, 3, 67, 109.
órgano (mús.), 3, 23.
órgano (fisiol.), 3, 23.
orgullo, 3, 23.
orgulloso, 2, 23, 35.
orientar, 3, 67.
oriente, 3, 30.
origen, 3, 26.
original, 3, 26, 39.
orilla, 3, 23.
oro, 1, 32.
orquesta, 3, 23.
ortografía, 3, 30.
os, 1, 49.
oscuridad, 3, 26.
oscuro, 1, 23, 35.
o sea, 1, 124.
otoño, 1, 30.
otro, 1, 66.
oveja, 2, 22, 23.
ovillo, 3, 23.

oxidar, 2, 67.
oxígeno, 2, 30.

P

paciencia, 2, 30.
paciente, 3, 13, 23.
padre, 1, 14, 23.
padrino, 2, 14, 23.
paella, 2, 23.
paga, 2, 23.
pagar, 1, 67, 106.
página, 1, 23.
pago, 3, 23.
país, 2, 26.
paisaje, 3, 23.
paisano, 3, 23, 35.
paja, 2, 23.
pájaro, 1, 21, 23.
pala, 3, 23.
palabra, 1, 23.
palacio, 3, 23.
paladar, 3, 26.
palanca, 3, 23.
palangana, 3, 23.
palco, 3, 23.
palidecer, 3, 77.
pálido, 3, 23, 35.
palmera, 3, 23.
palo, 2, 23.
paloma, 2, 21, 23.
pan, 1, 26.
panadería, 1, 23.
panadero, 1, 5, 23.
pandilla, 3, 23.
pánico, 3, 23.
panorama, 3, 23.
pantalón, 1, 34.
pantalla, 2, 23.
pantano, 3, 23.
pantorrilla, 2, 23.
paño, 3, 23.
pañuelo, 1, 23.
Papa, 3, 23.
papá, 1, 14, 24.

papel, 1, 26.
papelería, 2, 23.
papeleta, 3, 23.
paquete, 1, 23.
par, 2, 26, 65.
para, 1, 122.
para que, 1, 124.
paracaídas, 3, 33.
parada, 2, 23.
parado, 2, 5, 23.
parador, 3, 26.
paraguas, 2, 33.
paraíso, 3, 23.
paralelo, 3, 23.
paralizar, 3, 67, 109.
parar, 1, 67.
pararse, 2, 67.
parásito, 3, 23.
parecer(se), 1, 77.
parecido, 2, 23, 35.
pared, 1, 26.
pareja, 2, 23, 65.
paréntesis, 3, 33.
pariente, 2, 11, 23.
paro, 3, 23.
párpado, 3, 23.
parque, 2, 23.
parrilla, 3, 23.
párroco, 3, 15, 23.
parroquia, 3, 23.
parte, 1, 23.
parte (en —), 3, 121.
parte (dar —), 3, 126.
particular, 3, 26, 39.
partida, 3, 23.
partidario, 3, 23, 35.
partido, 2, 23.
partir, 1, 69.
partir (a — de), 3, 123.
párvulo(s), 3, 23.
pasado, 3, 23.
pasado mañana, 1, 113.
pasajero, 2, 5, 23.
pasaporte, 1, 23.
pasar, 1, 67.
pasar a, 2, 112.

pasarlo (bien...), 2, 67, 126.
Pascua(s), 3, 34.
pasearse, 2, 67.
paseo, 2, 23.
pasillo, 2, 23.
paso, 2, 23.
paso a nivel, 3, 23.
paso de peatones, 2, 23.
pasta, 2, 32.
pastas, 3, 32.
pastel, 1, 26.
pastelería, 2, 23.
pastelero, 3, 5, 23.
pastilla, 2, 23.
pastor (de ganado), 3, 6, 26.
pastor (sacerd.), 3, 15, 26.
pata, 1, 23.
patata, 1, 23.
patio, 1, 23.
pato, 2, 17, 23.
patria, 2, 23.
patrón, 3, 6.
pavo, 2, 17, 23.
paz, 3, 28.
peatón, 2, 15, 26.
pecado, 2, 23.
pecar, 2, 67, 105.
pecho, 1, 32.
pechos, 2, 32.
pedal, 3, 26.
pedazo, 1, 23.
pedir, 1, 74.
pegar, 2, 67, 106.
peinado, 2, 23.
peinar(se), 1, 67.
peine, 1, 23.
pelar, 2, 67.
peldaño, 3, 23.
pelea, 2, 23.
pelear(se), 2, 67.
película, 1, 23.
peligro, 2, 23.
peligroso, 2, 23.

pelirrojo, 3, 5, 23.
pelo, 1, 34.
pelota, 1, 23.
peluquería, 2, 23.
peluquero, 2, 5, 23.
pellizcar, 3, 67, 105.
pena, 3, 23.
pendiente, 3, 23, 36.
péndulo, 3, 23.
penoso, 3, 23, 35.
pensamiento, 2, 23.
pensar, 1, 70.
pensión, 2, 26.
peón, 3, 15, 26.
peor, 1, 26, 43, 46, 47.
pepita(s), 3, 23.
pequeño, 1, 23, 35.
pera, 2, 23.
perder, 1, 71.
perderse, 2, 71.
pérdida, 3, 23.
perdón, 2, 30.
perdonar, 2, 67.
pereza, 3, 23, 30.
perezoso, 2, 23, 35.
perfectamente, 2, 116, 118.
perfecto (adv.), 2, 118.
perfecto (adj.), 2, 23, 35.
perfil, 3, 26.
perfume, 3, 23.
periódico, 1, 23.
periodismo, 3, 30.
periodista, 3, 13, 23.
período, 3, 23.
perito, 3, 15, 23.
perjudicar, 3, 67, 105.
perjuicio, 3, 23.
perla, 3, 23.
permiso, 2, 23.
permitir, 2, 69.
pero, 1, 124.
perro, 1, 17, 23.
perseguir, 3, 74, 108.
persiana, 3, 23.
persona, 1, 23.

personaje, 3, 23.
personal, 3, 26, 39.
pertenecer, 2, 77.
pesadilla, 3, 23.
pesado, 2, 23, 35.
pesar, 1, 67.
pesar (a — de), 2, 123.
pesca, 3, 30.
pescadería, 2, 23.
pescadero, 3, 5, 23.
pescado, 1, 21, 23, 34.
pescador, 2, 6, 26.
pescar, 2, 67, 105.
peseta, 1, 23.
pesimista, 3, 23, 38.
pésimo, 3, 47.
peso, 1, 23.
peste, 1, 23.
petróleo, 2, 23.
pez, 2, 21, 28.
pezón, 3, 26.
piano, 2, 23.
picador, 3, 15, 26.
picadura, 3, 23.
picante, 3, 23, 36.
picar, 2, 67, 105.
pico, 3, 23.
pie, 1, 23.
pie (a —), 2, 121.
pie (de —), 1, 121.
piedad, 3, 30.
piedra, 1, 23.
piel, 2, 26, 32.
pieles (abrigo de —), 2,
   32.
pierna, 1, 23.
pijama, 2, 23.
pila, 3, 23.
pilar, 3, 26.
píldora, 3, 23.
piloto, 3, 15, 23.
pimienta, 2, 23.
pimiento, 1, 23.
pincel, 2, 26.
pino, 2, 23.
pintar, 1, 67.

pintor, 2, 6, 26.
pintura, 2, 23.
pinza(s), 2, 23.
pipa, 2, 32.
pipas (de girasol), 3, 32.
pisar, 2, 67.
piscina, 2, 23.
piso, 1, 23.
piso (planta), 1, 23.
pista, 3, 23.
pistola, 2, 23.
pito, 3, 23.
pizarra, 2, 23.
placer, 3, 26.
plancha, 2, 23.
planchar, 1, 67.
plano, 3, 23, 35.
planta (vegetal), 2, 23.
planta (de casa), 3, 23.
planta baja, 3, 30.
plantar, 3, 67.
plástico, 2, 23.
plata, 1, 30.
plataforma, 3, 23.
plátano, 1, 23.
plato, 1, 23.
playa, 2, 23.
plaza, 1, 23.
plaza de toros, 2, 23.
plazo, 3, 23.
plomada, 3, 23.
plomo, 2, 32.
plomos, 3, 32.
pluma, 2, 23.
pobre, 1, 23, 36.
pobreza, 3, 30.
poco (adj.), 1, 66.
poco (adv.), 1, 115.
poco a poco, 2, 121.
poco más o menos, 2,
   121.
poder, 1, 92.
poder (sust.), 3, 26.
poderoso, 3, 23, 35.
podrido, 3, 111.
poesía, 3, 23.

poeta, 3, 9, 23.
poetisa, 9.
policía (masc.), 2, 13,
   23.
policía (fem.), 2, 30.
política, 3, 23.
polo, 3, 23.
polvo, 1, 32.
polvos, 3, 32.
pólvora, 3, 30.
pollo, 1, 21, 23.
pomada, 3, 23.
poner, 1, 93.
ponerse a, 1, 112.
popular, 3, 26, 39.
poquito, 2, 115.
por, 1, 122.
por consiguiente, 3,
   124.
porcelana, 3, 23.
por ejemplo, 1, 126.
por favor, 1, 126.
por fin, 2, 117.
por lo menos, 2, 121.
por lo tanto, 2, 124.
por medio de, 3, 123.
por qué, 1, 124.
porque, 1, 124.
porquería, 3, 23.
por suerte, 3, 121.
portero, 1, 5, 23.
portugués, 3, 6, 26.
porvenir, 3, 30.
posible, 1, 23, 36.
posición, 3, 26.
postal (tarjeta), 2, 26.
poste, 3, 23.
postigo, 3, 23.
postre, 1, 23.
postura, 3, 23.
potable, 2, 23, 36.
potaje, 2, 23.
pozo, 3, 23.
practicante, 2, 15, 23.
practicar, 3, 67, 105.
práctico, 2, 23, 35.

prado, 3, 23.
pre-, 3, 4.
precio, 1, 23.
precioso, 2, 23, 35.
precipitar, 3, 67.
precisamente, 2, 118.
precisar, 3, 67.
preciso (ser-), 2, 126.
precoz, 3, 28, 39.
predicar, 3, 67, 105.
preferencia, 3, 23.
preferible, 2, 23, 36.
preferir, 2, 76.
pregunta, 2, 23.
preguntar, 1, 67.
prensa, 3, 30.
preocupación, 3, 26.
preocuparse, 2, 67.
preparación, 3, 26.
preparar, 2, 67.
preparativos, 3, 31.
presencia, 3, 23.
presentación, 3, 26.
presentador, 3, 6, 26.
presentar, 2, 67.
presente, 3, 23, 36.
presidente, 2, 11, 23.
presidir, 3, 69.
presión, 3, 26.
preso, 2, 5, 23.
préstamo, 3, 23.
prestar, 2, 67.
prestigio, 3, 30.
presumir, 3, 69.
presupuesto, 3, 23.
pretender, 3, 68.
pretexto, 3, 23.
prevenir, 3, 102.
primavera, 1, 32.
primeramente, 3, 117.
primer, -o, -a, 1, 23, 45, 61.
primero (adv.), 1, 117.
primo, 1, 5, 23.
princesa, 2, 10, 23.
principal, 3, 26, 39.

principalmente, 2, 117.
príncipe, 2, 10, 23.
principiante, 3, 23, 36.
principio, 2, 23.
principio (en —), 3, 121.
prisa, 1, 23.
prisa (a—, de —), 2, 121.
prisa (darse —), 2.
prisión, 3, 26.
prisionero, 3, 5, 23.
privar(se), 3, 67.
privilegio, 3, 23.
probable, 2, 23, 36.
probar, 1, 72.
problema, 2, 23.
proceder, 3, 68.
procurar(se), 3, 67.
prodigioso, 3, 23.
producción, 3, 26.
producirse, 3, 78.
producto, 3, 23.
profesión, 3, 26.
profesor, 1, 6, 26.
profeta, 3, 9, 23.
profetisa, 9.
profundidad, 3, 26.
profundo, 3, 23, 35.
programa, 3, 23.
progreso, 3, 23.
prohibido, 1, 23, 35.
prohibir, 2, 68.
prójimo, 2, 30.
prólogo, 3, 23.
prolongar, 3, 67, 106.
promesa, 3, 23.
prometer, 2, 68.
pronto, 1, 113.
pronto (tan — como), 3, 124.
pronunciar, 3, 67.
propaganda, 2, 23.
propiamente (dicho), 2, 35, 116.
propiedad, 2, 26.
propietario, 2, 5, 23.

propina, 2, 23.
propio, 2, 23, 35.
proponer, 2, 93.
proporcionar, 2, 67.
propósito, (a - de), 2, 123.
prórroga, 3, 23.
prospecto, 3, 23.
protección, 2, 26.
proteger, 2, 68, 107.
protesta, 2, 23.
protestante, 3, 13, 23.
protestar, 2, 67.
provecho, 3, 30.
provechoso, 3, 23, 35.
provincia, 2, 23.
provincial, 3, 26, 39.
provinciano, 3, 23, 35.
provisional, 3, 26, 39.
provocar, 3, 67, 105.
próximo, 2, 23, 35.
proyectar, 3, 67.
proyecto, 2, 23.
prudencia, 3, 30.
prudente, 3, 23, 36.
prueba, 2, 23.
publicar, 3, 67, 105.
público, 2, 23.
puchero, 3, 23.
pudrir(se), 3, 69.
pueblo, 1, 23.
puente, 2, 23.
puerta, 1, 23.
puerto (2 aceps.), 3, 23.
pues, 2, 124.
puesto, 3, 23, 111.
puesto que, 3, 124.
pulga, 3, 21, 23.
pulgar, 2, 26.
pulmón, 1, 26.
pulsera, 2, 23.
punta, 2, 23.
puntilla, 1, 23.
punto, 1, 23.
punto (estar a — de), 2, 126.

punto (hacer —), 2, 126.
puñado, 2, 23.
puño, 1, 23.
puré, 3, 24.
puro, 2, 23, 35.
puro (sust.), 2, 23.
pus, 3, 30.

Q

que, 1, 124.
que, 1, 59.
(el) que, (la) que), (los) que, (las) que, 1, 59.
qué, 1, 59.
quedar(se), 1, 67.
queja, 3, 23.
quejarse, 2, 67.
qué lástima, 1, 126.
quemadura, 2, 23.
quemar, 1, 67.
querer, 1, 94.
querida, 3, 14, 23.
querido, 2, 23, 35.
queso, 1, 23.
quien, 1, 59.
quién, 1, 59.
quieto, 1, 23, 35.
químico, 3, 5, 23, (35).
quince, 1, 60.
quincena, 3, 23, 65.
quinientos, 1, 60.
quinto, 1, 61.
quinto, 1, 62.
quitar, 1, 67.
quizá(s), 1, 120.

R

rabia, 3, 30.
rabo, 2, 23.
racimo, 3, 23.
ración, 3, 26.
radiador, 3, 26.

radio, 1, 23.
raíl, 3, 26.
raíz, 2, 28.
raja, 2, 23.
rallar, 3, 67.
rama, 2, 23.
ramo, 2, 23.
rancio, 3, 23.
rapidez, 3, 30.
rápido, 2, 23, 35.
raqueta, 3, 23.
raro, 2, 23, 35.
ras (al —), 3, 123.
rascar, 2, 67, 105.
rasguño, 3, 23.
rastro, 3, 23.
rata, 2, 21, 23.
rato, 1, 23.
ratón, 2, 21, 26.
raya, 2, 23.
rayar, 3, 67.
rayo, 2, 23.
raza, 3, 23.
razón, 2, 26.
razonable, 3, 23, 36.
razonar, 3, 67.
re-, 3, 4.
reacción, 3, 26.
reaccionar, 3, 67.
real, 3, 26, 39.
realidad, 3, 26.
realidad (en —), 2, 118.
realmente, 2, 118.
reanimar, 3, 67.
rebaja, 2, 23.
rebanada, 2, 23.
rebaño, 3, 23.
rebelde, 3, 23, 36.
rebelión, 3, 26.
recado, 2, 23.
recaer, 3, 83.
recaudar, 3, 67.
recepción, 3, 26.
receta (2 aceps.), 2, 23.
recibir, 1, 69.
recibo, 2, 23.

recién, 2, 113.
reciente, 2, 23, 36.
recientemente, 3, 113.
recitar, 3, 67.
reclamar, 3, 67.
recoger, 2, 68, 107.
recolección, 3, 26.
recomendación, 2, 26.
recomendar, 2, 70.
reconocer, 2, 77.
reconocimiento, 3, 23.
recordar, 1, 72.
recorrer, 2, 68.
recorrido, 3, 23.
recortar, 2, 67.
recreo, 2, 23.
recto, 2, 23, 35.
recuerdo, 2, 23.
recuperar, 3, 67.
rechazar, 3, 67, 109.
red, 3, 26.
redondo, 1, 23, 35.
reducir, 3, 78.
referir, 3, 76.
reflejar, 3, 67.
reflejo, 3, 23.
reflexión, 3, 26.
reflexionar, 3, 67.
reforma, 3, 23.
reformar, 3, 67.
refrán, 3, 26.
refrescar(se), 3, 67, 105.
refresco, 3, 23.
refuerzo, 3, 23.
refugiarse, 3, 67.
refugio, 3, 23.
regalar, 2, 67.
regalo, 2, 23.
regañar, 2, 67.
regar, 2, 70, 106.
regatear, 2, 67.
régimen, 3, 29.
regimiento, 3, 23.
región, 3, 26.
registrar, 3, 67.
regla, 2, 23.

reglamento, 3, 23.
regresar, 3, 67.
regreso, 3, 23.
regular, 2, 26, 39.
rehacer, 3, 88.
reina, 2, 7, 23.
reinar, 3, 67.
reino, 3, 23.
reír, 1, 79.
reja, 3, 34.
relación, 3, 26.
relacionar(se), 3, 67.
relámpago, 2, 23.
religión, 2, 26.
religioso, 2, 23, 35.
reloj, 1, 26.
rellenar, 3, 67.
remangar, 3, 67, 106.
remar, 3, 67.
remediar, 3, 67.
remedio, 3, 23.
remo, 3, 23.
remolque, 3, 23.
remordimiento, 3, 23.
remover, 3, 73.
rencor, 3, 26.
renovar, 3, 72.
renta, 3, 23.
renunciar, 3, 67.
reparar, 3, 67.
reparto, 3, 23.
repasar, 2, 67.
repaso, 3, 23.
repente (de —), 2, 113.
repentino, 3, 23, 35.
repetición, 3, 26.
repetir, 1, 74.
repleto, 3, 23, 35.
reposo, 3, 23.
represalia(s), 3, 34.
representante, 2, 13, 23.
representar, 3, 67.
reprochar, 3, 67.
reproche, 3, 23.
reproducir, 3, 78.
república, 2, 23.

republicano, 2, 23, 35.
reputación, 3, 26.
resbaladizo, 3, 23.
resbalar, 2, 67.
reserva, 3, 23.
reservar, 2, 67.
resfriado, 1, 23.
resfriar(se), 3, 67, 110.
resguardar(se), 3, 67.
residencia, 3, 23.
resistencia, 3, 23.
resistir, 3, 69.
resolver, 3, 73.
respecto a, 3, 123.
respetar, 2, 67.
respeto, 2, 23.
respetuoso, 2, 23, 35.
respiración, 2, 26.
respirar, 1, 67.
resplandor, 3, 26.
responder, 1, 68.
responsable, 3, 23, 36.
respuesta, 2, 23.
resta, 3, 23.
restaurante, 2, 23.
restaurar, 3, 67.
resto, 2, 32.
restos, 3, 32.
resucitar, 3, 67.
resuelto, 3, 111.
resultado, 2, 23.
resumen, 2, 26.
resumir, 3, 69.
retal, 3, 26.
retardar, 3, 67.
retener, 3, 99.
retirar, 2, 67.
retiro, 3, 23.
retrasar, 3, 67.
retraso, 2, 23.
retrato, 2, 23.
retrete, 2, 23.
retroceder, 3, 68.
reunión, 2, 26.
reunir, 3, 69.

reunirse, 2, 69.
reventar, 3, 70.
revés, al, 2, 116.
revisar, 3, 67.
revisor, 2, 15, 26.
revista, 2, 23.
revolución, 3, 26.
revólver, 3, 26.
rey, 2, 7, 26.
rezar, 2, 67, 109.
rico, 1, 23, 35.
ridículo, 2, 23, 35.
riego, 3, 23.
rincón, 1, 26.
riñón, 3, 26.
río, 1, 23.
riqueza, 2, 23.
risa, 1, 23.
rizar, 3, 67, 109.
rizo, 3, 23.
robar, 2, 67.
robo, 3, 23.
roble, 3, 23.
robusto, 3, 23, 35.
roca, 2, 23.
rodar, 2, 72.
rodear, 2, 67.
rodeo, 3, 23.
rodilla, 2, 23.
rodillo, 3, 23.
roer, 3, 95.
rojo, 1, 23, 35.
romper, 1, 68.
roncar, 2, 67, 105.
ropa, 1, 23.
rosa (sust. y adj.), 2, 23, 38.
roto, 1, 23, 35, 111.
rubio, 1, 23, 35.
rudo, 3, 23, 35.
rueda, 1, 23.
ruido, 1, 23.
ruidoso, 3, 23, 35.
ruina, 3, 23.
rutina, 3, 23.

121

S

sábado, 1, 23.
sábana, 1, 23.
saber, 1, 96.
sabiduría, 3, 30.
sabio, 2, 5, 23.
sabor, 2, 26.
sacar, 1, 67, 105.
sacerdote, 3, 9, 23.
sacerdotisa, 9.
saco, 2, 23.
sacrificar, 3, 67, 105.
sacristán, 2, 6, 26.
sacudida, 3, 23.
sacudir, 3, 69.
sagrado, 3, 23, 35.
sal, 1, 32.
sala, 2, 23.
salado, 1, 23, 35.
salario, 3, 23.
salchicha, 2, 23.
salchichón, 2, 26.
saldo, 3, 23.
sales, 3, 32.
salida, 2, 23.
salir, 1, 97.
saliva, 2, 30.
salón, 2, 26.
salsa, 2, 23.
saltar, 2, 67.
salto, 2, 23.
salud, 2, 30.
saludar, 2, 67.
salvación, 3, 30.
salvaje, 3, 23, 36.
salvar, 2, 67.
salvo, 3, 122.
sandalia, 2, 23.
sandía, 2, 23.
sangrar, 3, 67.
sangre, 1, 30.
sangría, 2, 23.
sangriento, 3, 23, 35.
sano, 2, 23.
santiguarse, 3, 67.

santo (san), 2, 23, 35, 45.
sardina, 2, 21, 23.
sargento, 2, 15, 23.
sartén, 1, 26.
sastre, 2, 11, 23.
satisfacción, 3, 26.
satisfacer, 3, 88.
satisfecho, 2, 111.
se, 1, 50, 51, 52.
-se, 1, 50, 51, 52.
sea (o —), 2, 124.
secar, 1, 67, 105.
sección, 3, 26.
seco, 1, 23.
secretaría, 2, 23.
secretario, 2, 5, 23.
secreto, 2, 23.
sed, 1, 30.
seda, 2, 23.
seducir, 3, 78.
segar, 3, 70, 106.
seguir, 1, 74, 108.
según, 1, 122.
segundo, 1, 61, 117.
segundo (sust.), 1, 23.
seguramente, 1, 118.
seguridad, 3, 26.
seguro (adj.), 2, 23, 35.
seguro (sust.), 3, 23.
seguro (adv.), 2, 118.
seis, 1, 60.
seiscientos, 1, 60.
sellar, 3, 67.
sello, 1, 23.
semáforo, 2, 23.
semana, 1, 23.
semanario, 3, 23.
sembrar, 2, 70.
semejante, 3, 23, 36.
semestre, 3, 23.
semilla, 3, 23.
sencillo, 1, 23.
sendos, 3, 64.
sensación, 3, 26.
sensible, 3, 23, 36.

sentar(se), 1, 70.
sentido, 3, 23.
sentimiento, 2, 23.
sentir, 1, 76.
sentirlo, 1, 126.
seña, 32.
señal, 3, 26.
señalar, 2, 67.
señas, 2, 32.
señor, 1, 6, 26.
señora, 1, 6, 23.
señorita, 1, 16, 23.
separación, 3, 26.
separar, 2, 67.
se(p)tiembre, 1, 30.
séptimo, 1, 61.
sequía, 3, 23.
ser, 1, 98.
ser + part., 112.
sereno, 2, 15, 23.
serie, 2, 23.
serio, 1, 23, 35.
ser necesario, 1, 126.
serpiente, 3, 21, 23.
ser preciso, 2, 126.
serrín, 3, 30.
servicio, 3, 32.
servicios, 3, 32.
servilleta, 1, 23.
servir, 1, 74.
sesenta, 1, 60.
sesión, 3, 26.
seso, 32.
sesos, 3, 32.
seta(s), 3, 23.
setecientos, 1, 60.
setenta, 1, 60.
seto, 3, 23.
severo, 3, 23, 35.
sexo, 2, 23.
sexto, 1, 61.
sexual, 2, 26, 39.
si, 1, 124.
sí, 1, 118.
sí, 3, 52.
siega, 3, 23.

suspiro, 2, 23.
sustancia, 2, 23.
sustituir, 3, 81.
susto, 2, 23.
susurrar, 3, 67.
suyo, -a, 1, 55, 56.

T

tabaco, 1, 23.
tabla, 2, 23.
tablón (de anuncios), 3, 26.
taburete, 3, 23.
tacón, 2, 26.
tacto, 3, 30.
tachar, 3, 67.
tajada, 2, 23.
tal, 2, 66.
tal (con — que), 3, 124.
taladrar, 3, 67.
talento, 3, 23 (32).
talón, 2, 26.
talonario, 3, 23.
tallar, 3, 67.
taller, 2, 26.
tallo, 3, 23.
tamaño, 1, 23.
también, 1, 118.
tambor, 3, 26.
tampoco, 1, 119.
tan, 1, 115.
tan pronto como, 3, 124.
tantear, 3, 67.
tanto, -a, 1, 66.
tanto, 1, 115.
tanto (por ciento), 3, 23.
tanto (por lo —), 2, 124.
tapa, 1, 23.
tapadera, 1, 23.
tapar, 1, 67.
tapete, 3, 23.
tapia, 3, 23.
tapiz, 3, 28.
tapón, 2, 26.

taquilla, 2, 23.
tardar, 1, 67.
tarde, 1, 113.
tarde, 1, 23.
tarea, 2, 23.
tarifa, 3, 23.
tarjeta postal, 2, 23 (26).
tarro, 3, 23.
tarta, 2, 23.
tasa, 3, 23.
taxi, 1, 23.
taxista, 2, 15, 23.
taza, 1, 23.
tazón, 2, 26.
te, 1, 49.
-te, 1, 49.
té, 2, 24.
teatro, 2, 23.
techo, 1, 23.
teja, 2, 23.
tejado, 1, 23.
tejer, 3, 68.
tejido, 2, 23.
tela, 1, 23.
telefonear, 2, 67.
teléfono, 1, 23, 32.
telégrafo, 3, 23, 32.
telegrama, 2, 23.
televisión, 1, 26.
televisor, 2, 26.
tema, 3, 23.
temblar, 2, 26.
temblor, 2, 26.
temer, 1, 68.
temible, 3, 23, 36.
temor, 2, 26.
temperatura, 2, 23.
tempestad, 2, 26.
templado, 2, 23, 35.
templar, 3, 68.
temporal, 3, 26, 39.
temporal, 3, 26.
templo, 2, 23.
temprano, 1, 113.
tender, 2, 71.
tendero, 2, 5, 23.

tenedor, 1, 26.
tener, 1, 99, 112.
tener que, 1, 112.
teniente, 2, 15, 23.
tenis, 2, 30.
tensión, 3, 26.
tentar, 3, 70.
teñir, 3, 74.
tercer(o), 1, 23, 35, 45, 61.
tercio, 2, 23, 62.
terciopelo, 3, 23.
terminación, 2, 26.
terminantemente (prohibido), 3, 116.
terminar, 1, 67.
término, 3, 23.
termómetro, 2, 23.
ternera, 2, 30.
ternura, 3, 23 (30).
terraza, 2, 23.
terreno, 3, 23.
terrestre, 3, 23, 36.
terrible, 2, 23, 36.
territorio, 3, 23.
terrón, 2, 26.
terror, 3, 26.
tesorero, 3, 5, 23.
tesoro, 2, 23.
testamento, 3, 23.
testarudo, 3, 23, 55.
testigo, 2, 15, 23.
texto, 3, 23.
ti, 1, 49.
tiempo, 1, 23.
tienda, 1, 23.
tienda de campaña, 2, 23.
tierno, 1, 23, 35.
tierra, 1, 23.
tijeras, 1, 31.
timbre, 2, 23.
tímido, 2, 23, 35.
tinta, 2, 23.
tinte, 3, 23.
tinto, 2, 23, 35 (nota).

tintorería, 3, 23.
tío, 1, 5, 23.
típico, 3, 23, 35.
tipo, 2, 23.
tirano, 3, 5, 23.
tirar, 1, 67.
tiro, 2, 23.
título, 2, 23.
tiza, 2, 30.
toalla, 1, 23.
tobillo, 2, 23.
tocadiscos, 2, 33.
tocador, 2, 26.
tocar, 1, 67, 105.
tocino, 3, 23.
todavía, 1, 113.
todo, 1, 66.
todo el mundo, 1, 66.
tolerar, 3, 67.
tomar, 1, 67.
tomate, 1, 23.
tonel, 3, 26.
tonelada, 2, 23.
tono, 3, 23.
tontería, 2, 23.
tonto, 1, 23.
torcer, 2, 73, 104.
torcido, 2, 23, 35.
torear, 2, 67.
torero, 2, 15, 23.
tormenta, 2, 23.
tornillo, 2, 23.
toro, 1, 22, 23.
torpe, 2, 23, 36.
torpeza, 3, 23.
torre, 2, 23.
torta, 2, 23.
tortilla, 2, 23.
tortuga, 3, 21, 23.
tortura, 3, 23.
tos, 1, 26.
toser, 1, 68.
tostada, 2, 23.
tostar, 2, 72.
total, 2, 26 (39).
trabajador, 2, 6, 26.

trabajar, 1, 67.
trabajo, 1, 23.
tractor, 3, 26.
traducción, 3, 26.
traducir, 2, 78.
traer, 1, 100.
tráfico, 3, 30.
tragar, 2, 67, 106.
tragedia, 3, 23.
traicionar, 3, 67.
traidor, 3, 6, 26.
traje, 1, 23.
traje de baño, 3, 23.
trampa, 3, 23.
tranquilidad, 2, 30.
tranquilizar, 3, 67, 109.
tranquilo, 1, 23.
transeúnte, 3, 23, 36.
transformar, 2, 67.
transmitir, 3, 69.
transparente, 2, 23, 36.
transporte, 2, 23.
transportar, 2, 67.
tranvía, 2, 23.
trapo, 2, 23.
trasero, 3, 23.
trasladar, 2, 67.
trastornar, 3, 67.
trastorno, 3, 23.
tratar, 3, 67.
tratar de, 2, 67.
trato, 3, 23.
través (a — de), 2, 123.
trayecto, 3, 23.
trazar, 3, 67, 109.
trazo, 3, 23.
trece, 1, 60.
treinta, 1, 60.
tremendo, 2, 23.
tren, 1, 26.
trenza, 3, 23.
trepar, 3, 67.
tres, 1, 60.
trescientos, 1, 60.
triángulo, 2, 23.
tribunal, 2, 26.

tributo, 3, 23.
trigo, 2, 23.
trimestre, 3, 23.
triple, 1, 63.
tripulación, 3, 26.
triste, 1, 23, 36.
tristeza, 2, 23.
triunfar, 2, 67.
tronar, 3, 72.
tronco, 3, 23.
tropa, 3, 34.
tropezar, 2, 70, 109.
trozo, 2, 23.
truco, 3, 23.
trueno, 2, 23.
tu, tus, 1, 55.
tú, 1, 49.
tuberculosis, 3, 33.
tuberculoso, 3, 23, 35.
tubería, 3, 23.
tubo, 1, 23.
tumba, 3, 23.
tumbarse, 2, 67.
túnel, 2, 26.
turismo, 2, 30.
turista, 2, 13, 23.
turno, 3, 23.
turrón, 2, 26.
tutear, 2, 67.
tuyo, -a, 1, 55.
tuyos, -as, 1, 55.

U

último, 1, 23, 35.
un, 1, 54.
una, 1, 54.
unas, 1, 54.
undécimo, 3, 61.
únicamente, 2, 115.
único, 1, 23, 35.
uniforme, 3, 23.
unión, 3, 26.
unir, 1, 69.
universidad, 2, 26.

universo, 3, 23.
unos, -as, 1, 54.
uña, 1, 23.
urgencia, 3, 23.
urgente, 2, 23, 36.
urna, 3, 23.
usado, 2, 23.
usar, 1, 67.
uso, 2, 23.
usted (Vd.), 1, 50.
ustedes (Vdes.), 1, 50.
utensilio, 3, 23.
útil, 1, 26, 39.
utilidad, 3, 26.
utilizar, 2, 67, 109.
uva, 2, 23.

V

vaca, 1, 22, 23.
vacaciones, 2, 31.
vaciar, 2, 67, 110.
vacilar, 3, 67.
vacío, 1, 23, 35.
vacuna, 3, 23.
vacunar, 3, 67.
vago, 3, 23, 35.
vagón, 2, 26.
vajilla, 2, 23.
valer, 1, 101.
válido, 3, 23, 35.
valiente, 2, 23, 36.
valor, 2, 26.
valle, 3, 23.
vanidad, 3, 26.
vano (en —), 3, 121.
vapor, 2, 26.
vara, 3, 23.
variable, 3, 23, 36.
variación, 3, 26.
variar, 2, 67, 110.
variedad, 3, 26.
varios, 1, 66.
varón, 3, 14, 26.
vaso, 1, 23.

vasto, 3, 23, 35.
¡vaya!, 2, 125.
Vd. (usted), 1, 50.
Vds. (ustedes), 1, 50.
veces (a —), 2, 121.
vecino, 1, 5, 23.
vegetación, 3, 32.
vegetaciones, 32.
vegetal, 2, 26 (39).
vehículo, 3, 23.
veinte, 1, 60.
veinticinco, 1, 60.
veinticuatro, 1, 60.
veintidós, 1, 60.
veintinueve, 1, 60.
veintiocho, 1, 60.
veintiséis, 1, 60.
veintisiete, 1, 60.
veintitrés, 1, 60.
veintiuno, 1, 60.
vela, 3, 23.
velar, 3, 67.
velo, 2, 23.
velocidad, 2, 26.
vello, 3, 23.
vena, 1, 23.
vencedor, 3, 6, 26.
vencer, 3, 68, 104.
venda, 2, 23.
vendedor, 3, 6, 26.
vender, 1, 68.
vendimia, 3, 23.
veneno, 2, 23.
venenoso, 3, 23, 35.
¡venga!, 2, 125.
venganza, 3, 23.
vengar, 3, 67, 106.
venir, 1, 102, 112.
venir a, 3, 112.
venta, 2, 23.
ventaja, 2, 23.
ventajoso, 3, 23.
ventana, 1, 23.
ventanilla, 2, 23.
ventilador, 2, 26.
ver, 1, 103.

veranear, 2, 67.
verano, 1, 23.
verbo, 2, 23.
verdad, 1, 26.
verdaderamente, 2, 118.
verdadero, 2, 23, 35.
verde, 1, 23, 36.
verdugo, 3, 15, 23.
verdura, 2, 23.
vergonzoso, 3, 23, 35.
vergüenza, 2, 32.
vergüenzas, 32.
verso, 3, 23.
vertical, 3, 26, 39.
vértigo, 3, 23.
vestido, 1, 23.
vestir(se), 1, 74.
vez, 1, 28.
vía, 3, 23.
viajante, 2, 13, 23.
viajar, 1, 67.
viaje, 2, 23.
viajero, 2, 5, 23.
vicio, 3, 23.
víctima, 3, 13, 23.
victoria, 3, 23.
victorioso, 3, 23, 35.
vida, 1, 23.
vidrio, 2, 23.
viejo, 1, 23, 35.
viento, 1, 23.
vientre, 1, 23.
viernes, 1, 33.
viga, 2, 23.
vigilancia, 3, 23.
vigilante, 3, 13, 23.
vigilar, 2, 67.
vigor, 3, 26.
vigoroso, 3, 23, 35.
vinagre, 2, 23.
vino, 1, 23.
viña, 3, 23.
violar, 3, 67.
violencia, 3, 23.
violento, 3, 23, 35.
violeta, 3, 23, 38.

violín, 2, 26.
virgen, 2, 26, 39.
virtud, 3, 26.
visado, 3, 23.
visible, 3, 23, 36.
visita, 2, 23.
visitar, 1, 67.
víspera, 3, 23.
vista, 1, 32.
vistazo, 3, 23.
visto, 1, 103, 111.
vitamina, 3, 23.
viudo, 2, 5, 23.
¡viva!, 3, 125.
vivienda, 3, 23.
vivir, 1, 69.
vivo, 1, 23, 55.
volar, 1, 72.
volcán, 3, 26.
volcar, 2, 72, 105.
volumen, 2, 26.
voluntad, 2, 26.
voluntario, 3, 5, 23.
volver, 1, 73.
volverse, 2, 73.

vomitar, 2, 67.
vosotras, 1, 49.
vosotros, 1, 49.
votar, 3, 67.
voto, 3, 23.
voz, 1, 28.
vuelo, 3, 23.
vuelta, 1, 23.
vuelto, 1, 73, 111.
vuestro, -a, -os, -as, 1, 56.
vulgar, 2, 26, 39.
vulgaridad, 3, 26.

W

water, 1, 25.

Y

y, 1, 124.
ya, 1, 113.

ya..., ya, 2, 124.
yegua, 3, 22, 23.
yema, 2, 23.
yerno, 2, 14, 23.
yeso, 2, 23.
yo, 1, 48.
«yogurt», 2, 25.

Z

zambullirse, 3, 69.
zanahoria, 3, 23.
zapatería, 2, 23.
zapatero, 2, 5, 23.
zapatilla, 2, 23.
zapato, 1, 23.
zigzag, 3, 26.
zinc, 3, 30.
zona, 3, 23.
zoo(lógico), 3, 23.
zorro, 3, 17, 23.
zueco, 3, 23.
zumbar, 3, 67.
zumo, 2, 23.

INDICE